ADHD・
自閉スペクトラム症

発達障害・グレーゾーンの子の「やり抜く力」がちゃんと身につく伝え方

司馬理英子
Shiba Rieko

PHP

はじめに

「どうしていつも、やりっぱなしかなぁ？」「最後まで集中しようよ……」「毎日毎日、同じことばかり言い続けて、ウチの子、この先、大丈夫かな……」――私のクリニックで親御さんのそんな切実な思いを聞き続けて、四半世紀が経過しました。

その間に「発達障害」は多くの人に知られるようになり、近年では、医師の診断には至らないまでも、その傾向が大なり小なり認められる「グレーゾーン」という捉え方にも注目が高まっています。

発達障害や、発達障害とは診断されていないけれどその傾向がある子どもを持つ親御さんは、「自分で着替える」「片づける」「宿題をする」といった「生活のあれこれ」が、どうしてわが子はうまくできないのだろうと悩んでいます。

「この先、この子、ちゃんとした大人になれるのかなぁ？……」、そんな声も聞こえてきそうです。

本書では、そんな親御さんの心配や不安を解消するために、子どもたちが「やり抜く力」（実行機能）を身につけられるようになるための、ご家庭でできる「ちょっとした工夫」を、具体的に紹介していきます。

ＰＡＲＴ１ではその概要を、ＰＡＲＴ２では生活のさまざまなシーンにおける効果的な伝え方や関わり方を紹介します。

また、ＰＡＲＴ３では、私が考える子育てについて紹介していきます。私がいま考える子育ての理想のあり方は、「かわいがる子育て」です。

甘やかすのではなく、かわいがる――その真意が本書でお伝えできれば、うれしい限りです。

司馬理英子

ADHD・自閉スペクトラム症
発達障害・グレーゾーンの子の
「やり抜く力」がちゃんと身につく伝え方

もくじ

PART 1

発達障害と「やり抜く力」

PART 2

こんなときどうする?!「やり抜く力」が身につく伝え方

PART 3 「かわいがる子育て」のススメ

装幀・本文組版　朝田春未
装画・本文イラスト　とげとげ。
編集協力　清塚あきこ

PART 1

発達障害と「やり抜く力」

「やり抜く力」で子どもはどんどん伸びる！

◆「やり遂げるためのいくつかの力」が「実行機能」です

おもに発達心理学の分野で、「実行機能」という言葉があります。

実行機能とは、さまざまな物事を一つひとつやり遂げるために必要な、脳の機能のことを言います。

たとえば、夕食を準備するときには、①献立を決めて、②材料と手順を確認し、③それを調理します。

ところが、いざ冷蔵庫を開けてみると、あると思っていた食材がない！　今から買いに行く時間もない！　そうなると、④予定を変更して対応する、ということが必要になってきます。さらに調理の途中で、子どもたちの宿題をサポートするなどしているうちに、夕食の予定時刻はジワジワと近づき、心が萎えてしまいそうになっても、⑤気持ちを奮い立たせて調理をやり遂げる……。

理解していただきやすいように、①から⑤までの番号を振りましたが、私たちの生活動作や思考、判断のすべては、このようにいくつかの要素が組み合わされて実行されています。そうした一連の行動を円滑に進めるのが、「実行機能」です。

◆子どもにとっても「実行機能」は大切なものです

「実行機能」は、誰にとっても、日常生活を送るうえで大切なものです。

先ほどは大人の行動を例に挙げましたが、子どもだって同じことです。

小学生であれば、下校したら、①宿題をやると決め、②文具をそろえて机に向かい、③途中で投げ出したくなってもがまんして続け、④わからないことや忘れてしまったことがあれば教科書などを確認して、⑤宿題を終える――こうした一連の流れにも、「実行機能」は働いています。

本書では、こうした「実行機能」を、**「やり抜く力」**と名づけて説明していきます。

この力を適切に働かせることができるようになれば、これまで上手にできなかったことや、途中で投げ出していたことが、一つずつ、少しずつ、できるようになります。

そしてその積み重ねが、子どもの育ちを促していきます。

「やり抜く」ために大切なもの

◆「やり抜く力」は言葉かけや関わりで身につきます

「実行機能」、本書でいう「やり抜く力」の発達は乳児期から始まって青年期までゆるやかに続きますが、もっとも活発になるのは、就学前の3歳から5歳だと言われています。

3歳頃の子どもは、「自分がしたいこと」を何よりも優先させているように見えますよね。それが4歳、5歳になると、「ご飯だよ」と伝えれば、まだ遊んでいたくてもおもちゃを置いて、食卓に向かうことができるようになっていきます。

「やり抜く力」は、日常生活のすべてに大切な力です。そしてそれは、育むことのできる力でもあります。「朝起きたら、まずは歯を磨こう」「ご飯の前に、おもちゃを箱にしまおうね」……そんな親御さんの声かけや関わりの積み重ねの中で、子どもたちは「やり抜く力」を身につけていきます。

◆「やり抜く力」を構成する8つの能力

「やり抜く力」にはいくつもの機能（能力）が合わさっていますが、おもに、次の8つに大別することができます（本書では、玉木宗久氏らが、ＢＲＩＥＦ〈Behavior Rating Inventory of Executive Function〉を参考に分類した実行機能の考え方をもとにしています）。

①開　始

自分の気持ち（欲求）をいったん置いて、必要なタイミングでものごとを開始させる力。

②プランニング

一連の動作や行動において、その完了までの段取りをつける力。単に計画を立てるだけでなく、情報を集め、優先順位に沿って取捨選択をする。時間配分を行なうなどの力も含む。

③ワーキングメモリ

完了するまでにやるべきことを、行動しながら覚えておく力。

④道具や空間の管理

部屋や机の上を整理することができる力。プリントなどを整理し、必要な情報を取り出すなどの力も含む。

⑤モニタリング

自分が行なっていることを理解する力。やり忘れや勘違いを確認する力も含み、この確認が、同じ失敗を繰り返さないことにつながる。

⑥抑　制

自分の感情や衝動を抑え、がまんする力。

⑦シフティング

予定通りに物事が進まないときでも、状況に応じて柔軟に切り替えて対応する力。

⑧情緒のコントロール

感情を適切に表現する力。特定の感情に引きずられず気持ちを入れ替えたり、誘惑に打ち勝ったりする力。

これら8つは、さらに大きく2つのグループに分けられます。

①~⑤は、「メタ認知」に関する能力です。メタ認知とは「自分が認知していることを、客観的に認知すること」ですが、簡単に言うと、自分の行動や考えを客観的に認識し、調整する能力のことです。

⑥~⑧は「行動調整」に関する能力で、やり遂げるべき目的に向かって自身の行動を調整する力のことです。

これらが互いにうまく働くことで、状況に適した行動をとってやり遂げる、つまり「やり抜く」ようになっていきます。

発達障害と「やり抜く力」

◆発達障害の子どもたちには「ゆっくり」な傾向があります

「やり抜く力」には、個人差があります。

何事も上手に段取りをつけて計画的、効率的に取り組める人がいれば、期限が迫らないと動き出さない人、途中でつまずくとなかなか立ち直れない人などもいるでしょう。

発達障害のある子どもたちは、「やり抜く力」の発達が、比較的ゆるやかです。

「発達障害」とひと言で言ってもさまざまなものがありますが、「やり抜く力」との関連が密接に考えられるのは、**ＡＤＨＤ**（Attention-Deficit / Hyperactivity Disorder：注意欠如・多動症）と、**ＡＳＤ**（Autism Spectrum Disorder：自閉スペクトラム症）です。

◆「やり抜く力」はその子のペースで身につくものです

発達障害は、脳神経の伝達における何らかの不具合によって起こっていると考えられる、いわば生まれつきの症状のことです。脳の神経伝達のどの部分にどのような不具合があるのか、どうしてそうなるのかといったことの解明については、まだ研究段階にありますが、少なくともその原因が、「親の育て方」や「子どもの人格」ではないということは明らかです。**発達障害は、あくまでも脳機能の不具合**なのです。

「やり抜く力」は、おもに脳の「前頭前野」が担っていると考えられていますが、ADHDやASDの場合、前頭前野の働きが弱いことがわかっており、それが原因となって、自ら行動を開始し、数々の誘惑や困難に直面しても感情を適切にコントロールして完了する、という結果になかなか至れないことが多くなります。

しかし、「やり抜く力」は青年期までにかけて徐々に発達していくものです。**適切な環境整備と、子どもに合わせた関わり方があれば、その子のペースで着実に変化・成長していきます。**

必要なのは、**子ども一人ひとりに合わせた親のひと工夫**です。

ＡＤＨＤとＡＳＤ それぞれの特性と対応

◆ＡＤＨＤの子どもたちは自分をコントロールするのが苦手です

本書をご覧のみなさんは、すでに理解されていることも多いでしょうが、ここで改めて、ＡＤＨＤとＡＳＤの特性をおさらいしておきます。

ＡＤＨＤ（注意欠如・多動症）の特性とは、**①不注意**、**②多動性**、**③衝動性**の３つです。忘れものが多い。集中が苦手。落ち着きがない。考えずに行動する、などが主だった特性です。

「やり抜く力」の観点からは特に、ものごとを開始させる（①開始）、見通しを持って行動する（②プランニング）、ルールや決まりごとを覚えておく（③ワーキングメモリ）、過去の経験や失敗を次に生かす（⑤モニタリング）、行動・感情を適切にコントロールする（⑧情緒のコントロール）などに対して、困り感や難しさがあるようです。

◆「今」だけを見ているADHDの子どもたち

ＡＤＨＤの特性や傾向として覚えておいていただきたいのは、「報酬系」に不具合があるということです。

報酬系とは、欲求が満たされたときや、満たされるとわかったときに活性化し、気持ちよさ、幸福感などを引き起こす、脳内の神経系のしくみです。

ＡＤＨＤの子どもは、「宿題を先に済ませておけば、あとが楽だ」「こうすればママやパパに怒られない」といった動機づけでは、行動が開始できません（①開始の困難）。それよりも、「今」の楽しみを最優先してしまうのです。

ＡＤＨＤの子どもが行動を起こすのは、「楽しい！」「おもしろそう」と思ったときや、その対象だけです。そして、興味がなくなったら、そこで終了。ＡＤＨＤの子どもを望ましい行動に上手に導くには、行動自体が興味の対象となるように工夫したり、あるいは、お手伝いをしたら**すぐに**お菓子がもらえる、プリントを終わらせたら**すぐに**ゲームができるというような、わかりやすいごほうびを活用したりすることがポイントです。具体的な方法は、ＰＡＲＴ２で紹介します。

ADHDの特性

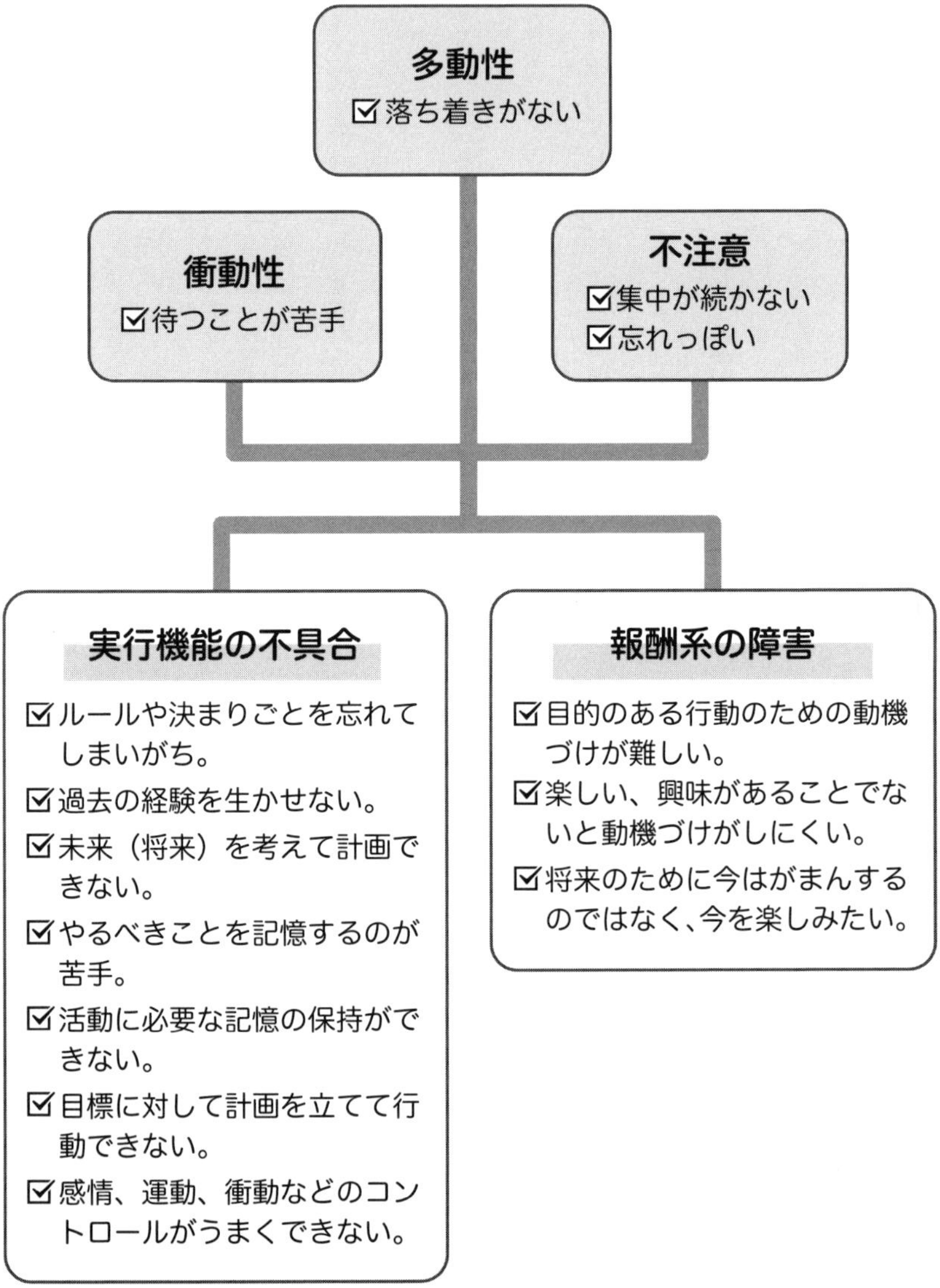
多動性
☑落ち着きがない
衝動性
☑待つことが苦手
不注意
☑集中が続かない
☑忘れっぽい
実行機能の不具合
☑ルールや決まりごとを忘れてしまいがち。
☑過去の経験を生かせない。
☑未来（将来）を考えて計画できない。
☑やるべきことを記憶するのが苦手。
☑活動に必要な記憶の保持ができない。
☑目標に対して計画を立てて行動できない。
☑感情、運動、衝動などのコントロールがうまくできない。
報酬系の障害
☑目的のある行動のための動機づけが難しい。
☑楽しい、興味があることでないと動機づけがしにくい。
☑将来のために今はがまんするのではなく、今を楽しみたい。

ADHDの子どもへの７つの対応

基本方針 目標を決め、ごほうびをあげて、やる気を維持させる。

対応1 注意する回数を減らす

朝から晩までガミガミ言っていては、子どもも反発するだけ。本当に必要な注意だけに絞ります。

対応2 スケジュールを決める

毎日のスケジュールが決まっているとわかりやすく、トラブルや困り感が少なくなります。

対応3 「良いところ」に目を向ける

子どもの「良くないところ」ばかり見ていると、親子関係も悪化します。「良いところ」を見つけて、ほめます。

対応4 スペシャルタイム

1日15〜20分、子どもの遊びに加わって親子だけの時間を過ごします。このときも「良いところ」を言葉にして聞かせてあげて。

対応5 「好ましくない行動」は無視

指示に従わなかったり不適切な言動があったりしても、それらには注目しないようにします。「好ましい行動」ができたら、ほめます。

対応6 ごほうび（トークン）

自分でやる気を維持することが苦手なので、「○○ができたら□ポイント」「△△ポイント貯まったらごほうびと交換」など、ごほうびを制度化します。ポイント方式でなくても、好ましい行動と引き換えに、ゲームの時間やおやつなど、子どもが満足するごほうびを設定します。

対応7 成功体験を積み上げる

お箸を並べる、ゴミを捨てるなど、小さなことでいいので、「できた」という体験を繰り返すと自信が持てるようになり、やる気や自己肯定感も育ちます。

◆他人への興味が希薄なＡＳＤの子どもたち

ＡＳＤ（自閉スペクトラム症）の子どもには、**①人との関わり方が独特、②コミュニケーションが苦手、③行動・興味、または活動が限定されている**（社会的想像力の欠如）などの特性があります。

「スペクトラム」とは、曖昧な境界を持ちながら連続している状態を指す言葉で、症状や特徴に対する境界や線引きが難しいことがわかります。

ＡＳＤの子どもは、こちらの呼びかけに応じないことが多く、おもちゃを持たせても本来の遊び方ではなく、自身のこだわりから生み出した独特の遊び方をひたすら続けることもあります。

感覚の過敏さがあり、苦しんでいる子どももいます。

また、言葉を交わすときに視線が合わない、遊びに誘っても応じない、場をわきまえない言動をとる――そうした傾向のある子どもたちも、多く見られます。

◆ASDの子どもたちは「いつもと違うこと」が特に苦手です

ＡＳＤ傾向の子どもは、「同じであること」を好み、「いつもと違うこと」に柔軟に対応することが特に苦手で、通常とは違う対応が求められる状況に直面すると、パニックや思考停止状態に陥ってしまうことがよくあります。

「やり抜く力」の観点でも、動作や行動がルーティーンとなっていれば問題なく完了できるのですが、ルーティーン化できていなかったり、初めて直面するような突発的な状況に陥ったりすると、うまく対応することができません（⑦シフティングの困難）。

本人が落ち着いて活動できる「いつも通り」の環境を調整し、時間や予定などを「見える化」して見通しを理解させるような関わりが効果的でしょう。

また、表情から感情を読み取る、状況を見て判断するといった、いわゆる「その場の空気を読む」といったことも、ＡＳＤ傾向の子どもは苦手です。

相手がどうして喜んでいるのか、怒っているのかがわからないので、友だち関係で誤解を招いたり、トラブルを引き起こしてしまったりすることもあります。

ASDの特性

❶ 人との関わり方が独特

❷ 言葉による、または、言葉以外のコミュニケーションが苦手

❸ 社会的想像力の欠如

- ☑相手の気持ちがわかりにくい。
- ☑空気が読めない。
- ☑周囲からどう見られているかがわかりにくい。

- ☑他人への関心が乏しく、他人との関わり方が不器用。
- ☑言葉（文脈やニュアンス）の理解が不充分。
- ☑相手の気持ちや立場、状況の理解が苦手。
- ☑変化に応じた行動を予測するのが難しい。
- ☑決まったやり方・行動を好む。
- ☑こだわりが強い。

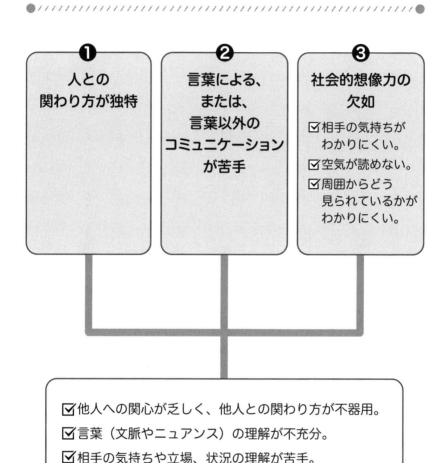

ASDの子どもへの３つの対応

基本方針

ASD の子は、今、何をするか、どうするかなどが理解できないことが多いので、わかりやすく書いて伝える。

対応1 具体的に伝える

☞話しているほどには理解できていない。

☑ちょっと待って ➡ 5分待って

☑いい加減にしなさい！ ➡ ○○は困るからやめようね
△△しようよ

対応2 書いて伝える

☞耳で聞くより、目で見たほうが理解がよい。

対応3 見通しを持たせる

☞次に何があるのかがわかっていると、安心できる。

☞順番がわかっていると、不安を軽減できる。

☞予告していれば、パニックになりにくい。

☞「終わり」がわかれば、がんばれる。

ASDの３つのタイプ

❶ 人との関係を求めないタイプ（孤立群）

☑ 一人が好き。
☑ 他人と関わろうとしない。

☞ 無理やり関わらせようとしない。
☞ まずは親や家族と１対１の関係を築く。
☞ 少しずつ、段階を踏んで。

❷ 自分からは関われないタイプ（受動群）

☑ 相手が関わってくれば部分的に応じる。
☑ 自分の気持ちが表せず、言いなりになりがち。

☞ 比較的おだやかな友だちと関わりを持たせる。
☞ 自分の気持ちや意見を言えるように少しずつ練習する。
☞「嫌だ」が言えるようにする。
☞ 困ったときに助けを求められるように支援する。

❸ 積極的に関わりたいタイプ（積極奇異群）

☑ 関わろうとするが一方的。
☑ いろいろな子と関わっているが友だちがいない。
☑ 関わりが多い分、トラブルも招きやすい。

☞ 関わり方のルールを教える。
☞ 相手がどう受け止めているかを教える。
☞ ソーシャルスキルトレーニング（SST）などで社会性を身につける。

子どもへのサポートは早い段階から

◆発達障害は「見えにくい障害」と言われます

発達障害者支援法における「発達障害」の定義は、「自閉症、アスペルガー症候群その他の広汎性発達障害、学習障害、注意欠陥多動性障害その他これに類する脳機能の障害であってその症状が通常低年齢において発現するもの」となっています。これらは併存することもあり、また一部の自閉症やＡＤＨＤには、知的障害が重なることもあります。

発達障害は、「見えにくい障害」とも言われます。

不注意や落ち着きのなさ、コミュニケーションの苦手さなどは、程度の差こそあれ、誰にでもあるもので、障害なのかそうでないのかがわかりにくいからです。

この見えにくさ、わかりにくさのために、周囲の人はもちろん、いちばん近くにいる親でさえ、気づけないこともあります。

発達障害の特性の現われ方はまさに十人十色で、同じ障害でも、子どもによってその程度はさまざまです。また、「できることと、できないこと」「できるときと、できないとき」「できる場所と、できない場所」も、子どもによってさまざまです。

家庭や学校生活などでの難しさに対し、それが障害によるものなのか、本人のわがままによるものなのかがわかりにくく、「わざとやっている」「やる気がない」などと誤解され、叱責が繰り返されてしまうこともよくあります。

子ども本人は、「一所懸命がんばっているのに、ほかの子と同じようにできない」「親や先生に叱られてばかり」などと自尊感情が低下してしまい、やる気をなくしてしまったり、イライラが強まったりすることもよくあります。こうした状態が続くと、本人の日常生活、社会生活の難しさや困り感は、さらに増えていってしまいます。

発達障害は「脳機能の不具合」であって、子ども本人の努力不足でも、親のしつけのせいでもありません。

発達障害の子どもへのサポートにあたっては、発達障害の診断がある子どもだけでなく、その疑いのある子どもも含めて、**早い段階から支援が得られるようにしていくことが大切**です。

発達障害の特性と関係

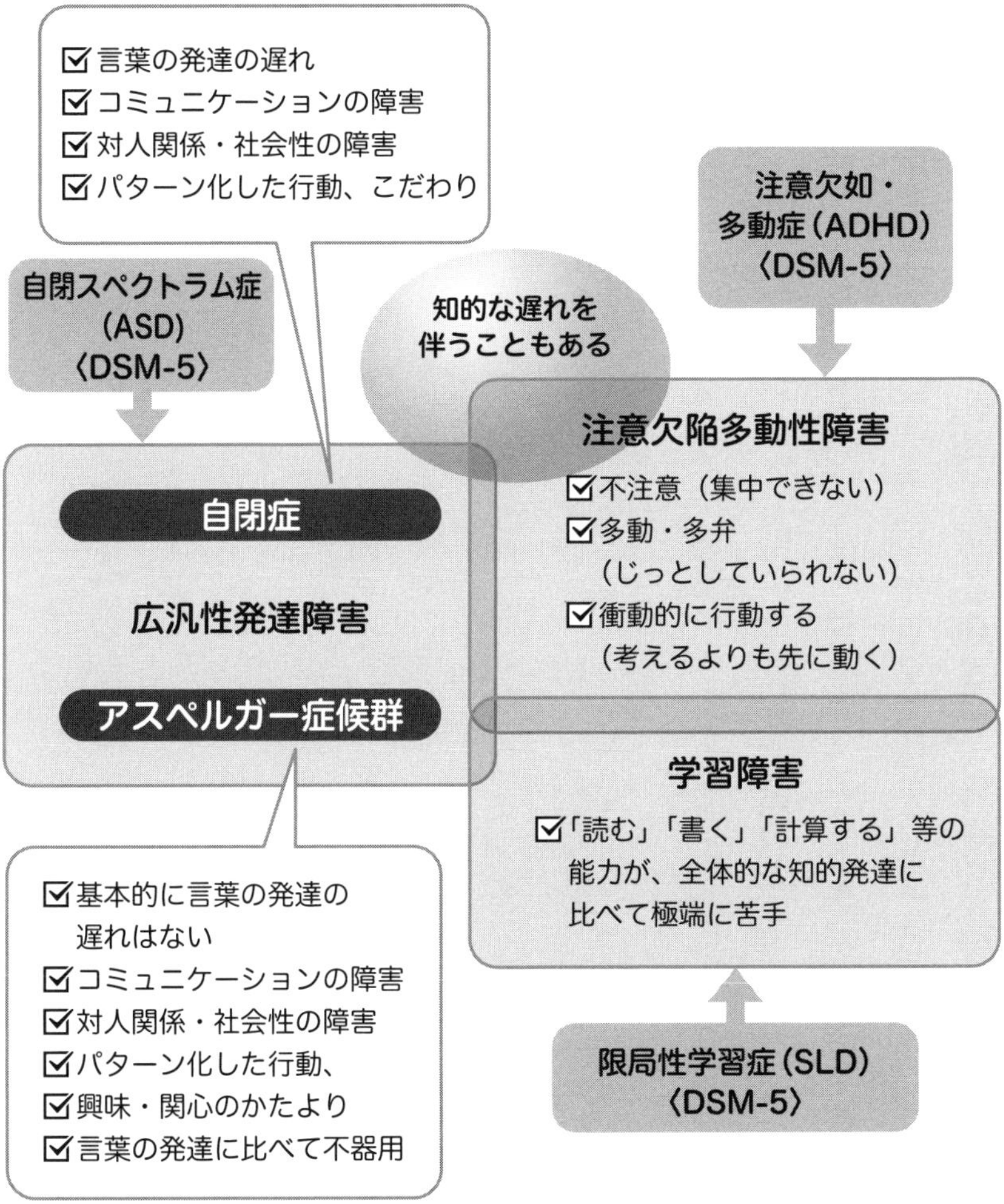

（注）発達障害者支援法における診断名はWHO（世界保健機関）のICD-10という疾病、傷害及び死因分類を用いているが、医療現場ではアメリカ精神医学診断分類（DSM-5,2013）が用いられるようになっている。

「発達障害って、なんだろう？」（政府広報オンライン）を改変

「グレーゾーン」をどう考えるか？

◆グレーゾーンでも支援が必要

「グレーゾーン」という言葉をよく聞きます。発達障害の傾向があるときに使われるようですが、医学的診断ではありません。発達障害の特性がいくつか見られ、診断は受けていないけれど、幼稚園や保育園・学校などで困っているときに使われるようです。「確実に発達障害の診断がつくという状態」と「発達障害ではないと確実に言える状態」の間の意味合いで使われているようです。

「グレーゾーン」という言葉では、発達障害の中のどの障害であるかがわからず、漠然と使ってしまう危険性があることを、児童精神科医の吉田友子氏は指摘しています。「グレーゾーン」と言われると、「では、様子を見ていこう」と思う人もいます。具体的な支援の方法がわからないままに、貴重な時間が有効に使えないこともあります。**「グレーゾーン」でも、できる限り特性を見極め、配慮や支援をする必要があります。**

◆「グレーゾーン」に含まれる子どもたち

「グレーゾーン」と呼ばれる子どもの中には、医療機関に受診していればADHDやASDと診断される子もいます。また、診断はついているけれど、親に伝えにくい事情があり、「グレーゾーン」と言われるかもしれません。あるいは、医師に充分な発達障害の知識がないため、「グレーゾーン」と表現をする場合もあるかもしれません。そして、診断をする役割ではない支援者が、便宜的に使っている場合もあります。

「グレーゾーン」と表現することの弊害は、子どもにとって適切で具体的な支援の方法がわからないことです。ADHDにはそのための治療法があり、ASDにはそれに適した治療指針があるのです。似ているように見える症状も、まったく異なる原因があり、それぞれに対処法があります。また子どもも、「グレーゾーン」と言われていると、自分の特性が何であるのかを理解することが難しくなります。

本書ではADHD、ASDなどの発達障害と、「グレーゾーン」の子どもへの関わり方をお話ししていきますが、これ以降は、「グレーゾーン」の子どもも含め、「発達障害」と表記していきます。

子どもの「行動」を変える6つのポイント

◆親子の悪循環を断ち切るために

発達障害の有無に限らず、幼児期・学童期の子どもは、家の中や屋外で、「困った行動」を起こしてしまうことがよくあります。

「朝の支度に時間がかかる」「友だちやきょうだいとすぐケンカになってしまう」「なかなか宿題を終えられない」……。こうしたことが積み重なると、親はつい注意や叱責が多くなり、子どものがんばりや良いところに気づきにくくなってしまうでしょう。

子どものほうも、うまくいかないことで自信をなくしたり、親の声かけに対して反抗的な態度を示してしまったりという悪循環になってしまうことがあると思います。

本書では、家庭の日常で見られるこのような親子の「悪循環」を「好循環」のパターンに変えて、「実行機能」＝「やり抜く力」を子どもが身につけていけるための具体的な方法を紹介していきます。

◆「子ども」を変えるのではなく「子どもの行動」を変えていきます

子どもの「困った行動」や「自分でちゃんとできない行動」を変えていく方法のひとつに、**ペアレント・トレーニング（ペアトレ）**があります。私のクリニックでも、ペアトレを治療の大事な柱のひとつと考えています。

ペアトレは、１９６０年代からアメリカで発展してきました。ペアトレでは、子どもの行動変容（行動を変えること）を目標にして、親が子どもへの関わり方や指示の仕方などの具体的な方法を身につけて実践していくことを目指しています。

ここでは、特にＡＤＨＤの子どもへのペアトレを紹介します。

ペアトレの方法を理解して、日常生活で親が子どもに適切に関わることができるようになることで、子どもの行動の改善や発達の促進が期待できます。

ペアトレの基礎となる部分、親が子ども（とその行動）に向き合うときのポイントを、６つに分けて説明していきます。

1 子どもの行動を3つに分ける

子どもの行動を、「好ましい行動」「好ましくない行動」「許してはいけない行動」の3つに分け、好ましい行動には「ほめる」対応を、「好ましくない行動」には計画的無視（39ページ）や環境調整（39ページ）、指示の工夫を行ないます。「許してはいけない行動」には、厳しく対応します。

問題を子どもの「性格」ではなく「行動」として整理したうえで、まず「好ましい行動」に注目して、ほめることから始めます。「好ましい行動」とは、「今できている行動」と「時々できているが、もっと増えたらよいと思う行動」のことです。

好ましい行動の例

- ☑おもちゃを貸せる。
- ☑声をかけると宿題を始める。
- ☑自分から家事を手伝う。
- ☑「ありがとう」と言える。
- ☑イライラをがまんできる。

好ましくない行動の例

- ☑悪態をつく。
- ☑入浴を嫌がってぐずる。
- ☑テレビやゲームがやめられない。
- ☑かばんを部屋に放り出す。
- ☑ほしいものを大声でねだる。

許してはいけない行動の例

- ☑暴力を振るう。
- ☑危険なところにわざとのぼる。
- ☑「死ね」などの暴言を吐く。
- ☑刃物などを持ってふざける。
- ☑赤信号で渡ろうとする。

2 子どもの良いところさがし・ほめる

子どもの「好ましい行動」に注目し、行動のあとに子どもにとってプラスの状況（ほめたり、子どもの好む活動を用意したり）をもたらすことができるように、子どもの特性に応じたほめ方や関わりを行なっていきます。

ほめ方の基本は、次の通りです。

- ☑行動を具体的にほめる。明るい口調でシンプルに。
- ☑ほめ言葉だけで充分。「次もがんばって」などは余計なひと言。
- ☑上からではなく、しゃがむなどして視線を子どもに合わせて。表情もにこやかに。
- ☑顔だけではなく、体全体を子どもに向ける。
- ☑終わってからではなく、好ましい行動をはじめたときにほめる。

ほめ言葉を使わずにほめる方法も効果的です。

☑「○○してくれてありがとう」と感謝を伝える。
☑「□□を始めたね」「もう少しだね」と経過を表す言葉を伝える。
☑手を振るなど、仕草で「ほめる」を表現。
☑「ここまでできたんだね」と励ます。
☑頭をなでる。肩や背中に触れる。
☑好ましくない行動をしているときに、好ましい行動のヒントを出し、気づいたらほめる。

3 子どもの行動の理由を考える

一つひとつの子どもの行動を観察し、「行動の前のきっかけ」―「行動」―「行動のあとの結果」に分けて客観的に行動を捉え、子どもの行動の理由を考えます。

毎日の生活の中では、親はどうしても「好ましくない行動」に目が行きがちですが、そうした行動の背後にある、子どもの困り感に目を向けましょう。

好ましくない行動をするのは、何かを求められているから、何かから逃げようとしているから、注目を浴びたいから、感覚を刺激したいから、などの理由や意味があります。

そうした理由や意味を推測して、そうならないような環境を調整して原因を取り除き、好ましい行動を増やす支援を行なっていくことが大切です。

④ 環境を調整する（好ましくない行動が起きる前の工夫）

子どもの周囲の環境（人やモノ）を整え、子どもが好ましい行動をしやすくなるための工夫を考えます。「3　子どもの行動の理由を考える」の「行動の前のきっかけ」に当たります。

子どもの特性や傾向に合わせて、特に刺激となるようなものを減らしたり、見てわかりやすいスケジュールやルールなどを提示したりします。

環境調整の例は、次の通りです。

☑子どもが気になるもの、苦手なものを取り除く。見えないようにする。

☑事前に予定を紙に書くなど、視覚的に示しておく。
☑指示やルール、するべきことを視覚的に示す。
☑好ましい行動を始めやすいように手がかりを目立たせる。
☑本人の好きなものや活動を取り入れる。

5 子どもが達成しやすい指示を出す

子どもへの声かけや関わり方を工夫します。

好ましい行動を子どもに促すときは、まず苛立ちや怒りといった否定的な感情を抑え、おだやかに（C：Calm）、子どもの近くに行き（C：Close）、落ち着いた静かな声で（Q：Quiet）、子どもにわかりやすい指示を行ないます（CCQ）。

してほしいことを子どもが少しでもしようとしたときや、実際にしたときに、ほめることが大切です。

指示が達成できないことが繰り返されると、親の指示は感情的になりがちで、子どもには親の感情しか伝わらないことが多くなります。

そのためペアトレでは、子どもの行動を促すために、親が冷静で具体的な指示を出します。たとえば、子どものそばに行って「注意をひいて予告→CCQで指示→ほめる（25%ルール）」といったことを繰り返します。

「25%ルール」とは、「できていない部分」に目を向けるのではなく、やるべきことの25%でもできていれば、その部分をすかさずほめるようにすることです。

6 「計画的な無視」を行なう（好ましくない行動への対応）

子どもの好ましくない行動に注目しすぎず、子どもの行動を客観的に観察し、落ち着いて対処します。

好ましくない行動に対しては、「計画的な無視（ほめるために待つ）」を行ない、少しでも好ましい行動が見られたらほめるようにします。子どもが適切な行動ができるよう、環境調整を含めた「指示」の工夫を行なうこともあります。

「計画的な無視」とは、見て見ぬふりのことです。特定の行動（特に、他者からの注目を得ることがごほうびとなっているような行動）に対して親の注目を与えず（無視)、対応しません。

ペアトレでは、見て見ぬふりをしながらも、好ましい行動が見られたら、すかさずほめるようにするので、「待ってほめる」と言うこともできます。

計画的な無視の例は、次の通りです。

☑子どものほうを見ない。目を向けるだけでも関心が伝わってしまう。
☑眉《まゆ》をひそめたり、ため息をついたりしない。仕草だけでも関心が伝わってしまう。
☑イライラが顔に出ないよう、心を鎮《しず》めてがまん。
☑「好ましくない行動には関心を示さない」という態度を一貫させる。

好ましくない行動が多いからといって、無視ばかりでは子どもを困らせてしまいます。「注目しない」ことばかりにこだわらず、好ましくない行動をやめたときにほめる、さらに続いて、好ましい行動を始めたときにもほめるというように、好ましい行動を積み重ねていくことを意識しましょう。

PART 2

こんなときどうする?!
「やり抜く力」が
身につく伝え方

朝、なかなか起きられない…

朝、何度起こしても、「う〜ん……」と声は出すものの、なかなか目が覚めず、最後はベッドから引っ張り出しています。いつまでこんなことが続くのやら……。

身につけたい力

開　始
モニタリング
シフティング

朝の目覚めがスムーズに!

起き抜けのテレビもアリ

起きられないことの主な原因は、眠りにあります。夜、しっかり眠れないから、朝が起きられない場合がほとんどなので、まず、前夜の過ごし方を見直しましょう。

また、発達障害の子どもの場合は、**「覚醒水準が低い」**という特性が見られることがあります。朝起こしてもいつまでもボーッとしていて、頭が働いていない状態です。この状態を打破する方法のひとつとして、**目覚めたらすぐに好きなことに取り組ませる、**というものがあります。好きなテレビ番組を見たり、ゲームをしたり、などです。

「それはどうなの？」と思われる方も多いかもしれませんが、いつまでもボーッとしていて何もできないより、一気に目覚めさせたほうが、メリットは大きいと思います。なお、ゲームもいいのですが、切り替えのサポートが大変な場合もあるので、気をつけてください。

起立性調節障害の可能性も

子どもにもよく見られる、朝起きられない症状に、**「起立性調節障害」**というものがあります。自律神経のはたらきが円滑でないことにより、起立時に体や脳に充分な血液が届けられなくなります。

朝、起きるのにとても時間がかかる、朝食が摂れない、体がだるい、立ちくらみがあるなどの症状が、午前中に強く見られます。

午後には軽快することが多いので、「怠けている」「サボっている」と誤解されることも多いのですが、身体的な疾患ですので、**気持ちの持ちようや気合い、叱責などでよくなることはありません。**

当てはまるようなら、医療機関を受診しましょう。薬剤による治療のほか、心理療法や生活指導などが行なわれます。

歯磨きが苦手…

毎回の歯磨きが大変すぎて、親子ともに苦痛です。幼い頃は押さえつけることもできたのですが、大きくなるとそうもいかなくて、困っています。

身につけたい力

開　始
プランニング
モニタリング

苦痛を和らげる工夫を！

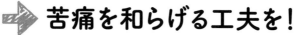

感覚過敏があるのかも

押さえつけるような無理強いは、よくありません。歯磨き＝嫌なこと・苦痛なことという認識が、子どもに刷り込まれてしまい、今後もうまくいきません。

発達障害の子どもの場合、**「感覚過敏」**が原因であることも考えられます。歯磨き粉の香りや、歯ブラシのチクチクする感覚に耐えられないこともあり、それらはそう簡単に克服できるものではありません。刺激の少ない歯磨き粉を使う、電動歯ブラシを試してみるなど、子どもの苦痛を取り除く、あるいは和らげる対応策を考えましょう。

多動がある子の場合は、歯磨きのあいだ中、じっとしていることが難しいこともあります。そんなときには、上の歯と下の歯の間で休憩時間を設けたり、**子どもが好きな3分程度の音楽をかけて楽しい雰囲気を演出**するようにしてみたりしましょう。親御さんオリジナルの**「歯磨きソング」**も楽しいですね！

歯科医の力も借りてしまう

虫歯にさせまいと躍起になっているママやパパが多いのですが、**大人が少し肩の力を抜くことも大切**です。

近年は予防歯科も多くありますから、家庭での歯磨きタイムは楽しい時間になることを優先し、歯の健康については定期的に歯科医院などに通って、クリーニングと虫歯のチェックをしてもらう習慣をつけるなどして、プロの手を借りてしまいましょう。

そうすれば、虫歯ができても早期に発見できて早期に治療を施しやすくなるうえ（子どもによっては痛みの感覚に乏しい子もいます）、他人に顔や口を触れられることにも慣れておけるので、歯以外の健康面での受診や治療が必要になったときにも安心です。

歯医者さんや歯科衛生士さんに「きれいに磨けていますよ」とほめられれば、**子ども自身のモチベーションアップにもつながる**でしょう。

朝の支度が進まない…

朝起きてから家を出るまでが、毎朝大騒ぎです。一連の流れを覚えている様子もなく、「早くしなさい！」とどんなに追い立てても、本人はまったくうわの空……。

身につけたい力

開　始
プランニング
情緒のコントロール

「見える化」や「ごほうび」で支度が進められる！

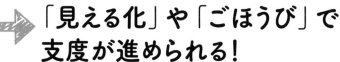

覚醒を促して、段取りを「見える化」

まずは、きちんと目覚めているかどうかが問題です。充分な睡眠が取れているでしょうか？　まだ眠いのであれば、**就寝時間を見直す**ことから始めましょう。

また、親が「このくらいで準備してほしい」と考えている時間が短すぎて、実情に合っていないこともあります。**ゆとりを持った時間調整**をしましょう。

さらに、親にとっては「当たり前の流れ」であっても、子どもがそれを理解しているかどうかは別ですから、わかりやすいように、**「見える化」**してあげましょう。ＡＳＤ傾向の子であれば、それだけでかなり改善できるはずです。

「ごほうび」を利用して指示を通す

ＡＤＨＤ傾向の子の場合には、「見える化」に加えて報酬、つまり**ごほうび**が必要です。この場合、「ほめる」という「言葉」が動機になることは稀《まれ》で、具体的なごほうびが必要です。

幼い子であれば、シールをあげることなどで効果があるかもしれませんが、小学生になると、そうしたことでは指示が通らない場合もあります。

そんなときは「トークン」がおすすめ。

朝のルーティーンをこなして、「できたカード」など（トークン）を5枚貯めたら、夕方に15分ゲームをしていい、という具合です。

貯めなければならないトークンの数には注意が必要で、あまりにたくさん必要だと、子どもはそこまで待つことができません。

着替えがなかなか終わらない…

「着替えくらいは自分でできるよね？」と思って衣服を出しておいても、まったく進みません。やっとできたと思ったら、今度は前後ろが逆。いつまで手伝えばいいのやら……。

身につけたい力

開　始
モニタリング
情緒のコントロール

サッと着替えられるようになる！

曲を流して時間の目安を

着替えを家のあちこちでさせていないでしょうか？ **着替えの場所はどこか1箇所に設定**して、そこで着替えるように決めましょう。

前日の夜に衣服を用意しておき（できるようなら、これも一緒に取り組みます。プランニングのトレーニングにもなります）、翌朝は「着替えればいいだけ」のところからスタート。

ダラダラしたり気が散ったりなど、気持ちの切り替えができないようなら、決まった音楽をかけて、**「この歌が終わるまでに着替えよう」**など、取り組む時間の目安をつけてあげてもいいですね。

着替えの時間を楽しい時間に

「着替え」＝「面倒なこと」になってしまわないよう、ママやパパが上手に注目してあげましょう。

たとえば、袖がうまく通せなくて困っているようなら、**「お手てはこっちだよ〜」**と手伝ったり、上手にできたら、「早くズボンがはけたね！」と動作の一つひとつを認めてあげたり。着替えの時間を楽しい時間に、ママやパパから「よい注目」が得られる時間にすることが大切です。

また、前後ろや裏表といった失敗が多いようなら、**衣服に印**をつけてあげてもいいですし、**確認すべきことを壁などに掲示**するのも効果的です。

すぐに取りかかれない…

起きてから寝るまで、ずっと何かを指図しているのに、どれもすぐに取りかかれたことがありません。「テレビを消して」「ご飯を食べよう」「お風呂に入って」……、もう全部です。

身につけたい力

開　始
抑　制
シフティング

声かけのタイミングで取りかかれるように！

声かけは子どもが聞けるタイミングで

子どもが何かに没頭しているときに声をかけても、子どもには聞こえません。

声をかけるタイミングは、「何もしていないとき」です。子どものそばに行って「○○ちゃん」と声をかけ、注意を引きつけてから話しましょう。

親の声が子どもの心に届きそうなタイミングを見計らって、「それが終わったら、お風呂に入ろうか」と声をかけます。

あるいは、事前に「○分になったらテレビはおしまいにして、お風呂に入ろうね」と**予告**しておいて、15分前と5分前くらいに再び声をかけて、終わりが近づいていることを知らせる方法も効果的です。

切り替えが苦手な子も多いので、毎日のルーティーンの生活動作であれば、スケジュールなどを目につくところに掲示しておいて、それに沿って声かけをしていくと、プランニングの練習にもなります。

親も肩の力を抜いて

言い方も大切です。「それが終わったら、お風呂に入りなさい！」と高圧的に指示をされたら、どんな気持ちになりますか？

「ご飯の前に、パパと一緒にお風呂に入ろうよ。ブクブク遊びしてくれるよ」というように、**提案とメリットを具体的に伝える**と、動きやすいと思います。

大人は気持ちに余裕がなくなると、ついつい命令口調になってしまいます。

発達障害の子どもたちは、人の行動の背景にある気持ちを推し量ったり、空気を読んだりするのが苦手なことが多いので、親がしてほしいと思っていることを察知して、自分から動くということもできません。また、大声で何か言われることにも大きな不安や恐怖を覚えることが多くあります。

ママやパパのほうも、適当に肩の力を抜きながら、心と時間の余裕を持っておきたいものですね。

園や学校に行きたがらない…

登校の際、何かと理由をつけて行きしぶります。体調が悪いわけではなさそうですし、理由を聞いてもはっきりしません。こんな「甘え」を許していいものかどうか、悩みます。

身につけたい力
モニタリング
抑　制
情緒のコントロール

100％子どもの味方になって手を尽くして！

親はいつも子どもの味方

「甘え」や「やる気」とは無関係に、**「学校に行きたくない理由」があるかもしれません。**「怠けている」と決めつけるのは避けてください。

発達障害の子どもたちは、自分が何に困っているのかを客観的に把握したり、言葉にして伝えたりすることが苦手です。先生の心ないひと言や対応、友だち関係などの問題があって、それを親に言えないのかもしれません。自分でもよくわからない漠然とした不安や、集団の中にいる緊張から、胃腸の調子を崩すなど、体の不調が表に出てくることもあります。

親は１００％子どもの味方でいてあげてください。いつも子どもの気持ちに寄り添ってあげましょう。子どもが話しやすい雰囲気をつくったり、先生や周囲の親御さんに相談してみたりと、できる限りの手を尽くしてください。無理やり学校へ連れて行って、先生に引き渡すようなことは、絶対に避けてください。

行動パターンをカードで「見える化」

ＡＳＤ傾向の子どもは、急な変更や新しいことが苦手です。学校では毎日さまざまなことが起こりますから、「何が起こるかわからないのが怖い」という不安感があることも考えられます。

そんな子の場合には、学校で起こりうることと、そうなったらこうするという行動パターンをカードなどに書いて渡しておくのも効果的です。

たとえば、表には「忘れものをしたら?」、裏には「先生に『忘れました』と言う」、表には「今日の3時間目は体育」、裏には「休み時間に体操服に着替える」というように、子どもが不安に思うこととその対処法を**「見える化」**して持たせてあげるといいでしょう。

授業に集中できない…

授業中なのにキョロキョロしたり、まったく違うことをしていたりして、集中できていない様子。先生から個別連絡が頻繁に来るので、心配しています。

身につけたい力

ワーキングメモリ
モニタリング
情緒のコントロール

「合理的配慮」で集中できるように！

がんばって過ごしていることをほめてあげて

発達障害の有無にかかわらず、小学校低学年の子どもが45分間じっとイスに座って先生の話を聞き、お利口に過ごすこと自体、実はかなり難しいことなのです。なんとかがまんできる子もいますが、発達障害の子どもたちには、それがかなりの難題であることは、容易に想像できますよね。

多少の問題はあっても、**1日がんばって学校で過ごしてきたことをほめてあげましょう。**

先生と相談して、席は窓や廊下のそばを避けてもらい、先生の近くにしてもらいましょう。

個別の声かけを、多めにとってもらうのもいいでしょう。

通級指導学級や特別支援教室を利用して、教室での過ごし方などを少しずつ学んでいくのもよい方法です。

合理的配慮をお願いする

授業に集中できない理由のひとつに**「感覚過敏」**がある場合もあります。子ども自身の不快感や負担を少しでも軽減してあげましょう。それぞれの子の持つ個性と多様性に合わせた合理的配慮は、学校生活のために欠かせません。

たとえば、蛍光灯の光がほかの子よりも眩《まぶ》しく感じるという子なら、蛍光灯から離れた席にしてもらう。いろいろな音が同時に耳に入ることが苦痛なら、耳栓の使用や、休み時間は静かな部屋で過ごしていいことにする、などです。

ママやパパだけで解決策を探るのではなく、どういう対応であればできそうか学校の協力も得て、解決策を検討できるようにしたいものです。

スクール・カウンセラーが配置されている小学校も多くなってきているので、そうした専門家に相談してみるのもいいでしょう。

姿勢が悪くてグニャリ…

何をするにも姿勢が悪く、最初はきちんと座っていても、すぐにグニャリとしてしまいます。姿勢が悪いと勉強にも集中できないし、視力が悪くなることも心配です。

身につけたい力

モニタリング
抑　制
情緒のコントロール

遊びなどで体幹づくり！

家庭は心の安心・安全基地

発達障害の子どもの中には、一定の姿勢を保った状態で話を聞くことが苦手な子が多く見られます。しかし、姿勢が悪いからといって、話を聞いていないのかというと、必ずしもそうとは言えません。むしろ、見た目にはグニャリとしているときに集中していることもあるのです。

大切なのは、話を聞いているかどうかであって、姿勢の善《よ》し悪《あ》しではありません。姿勢にばかり目を向けるのは、周囲のイライラが増すだけで、よいことはあまりないと言えます。特に家の中ではうるさく言わないようにしましょう。

家庭は子どもにとってもっとも寛げる場であり、心の安心・安全基地であってほしいもの。発達障害の子どもたちは、家の外ではどうしても注意されることが多くなります。ママやパパには**「ま、いっか」の気持ち**を持っていてほしいと思います。

遊びで体幹を刺激する

姿勢が保てない理由のひとつに、**体幹が弱い**ことが挙げられます。体幹を刺激するには、楽しみながら体を動かす遊びがいちばんです。

休みの日には親子一緒に屋外で思いっきり遊びましょう。体幹は日常動作の軸にもなるものですが、いわゆるトレーニングをしなくても、**遊び**の中で充分に鍛えられます。遊びは親子のスキンシップも図れますから、まさに一石二鳥です。

呼んでも返事をしない…

名前を呼んでも返事をしないのはもちろん、話しかけても何も返答しません。このままだと、社会の中で人間関係を築いていけないのではないかと心配です……。

身につけたい力

モニタリング
抑　制
情緒のコントロール

繰り返し練習！

子どもの視界に入って声をかける

「呼ばれたら返事をする」は、コミュニケーションの起点ですから、幼い頃から練習しておきましょう。繰り返すことで身につけることができます。

特にASD傾向の子どもはコミュニケーションへの興味が薄いので、意図的に取り組んでみてください。

呼びかけるときは、背後などの子どもから見えない位置からではなく、**必ず子どもの視界に入るところから**行なうことが大切です。

「○○ちゃん」と呼びかけたときに、「はーい」と返事ができたら、「ママにお返事してくれてうれしいよ」と、笑顔でほめてあげてください。またそのとき、声をかけた人のほうへ目を向ける、つまり視線を合わせることにも取り組みましょう。

最初は近い距離で、徐々に距離を延ばしながら繰り返し行なえば、次第に返事が身についていきます。ただし、あせりは禁物。子どものペースで進めましょう。

注意を引きつけて声をかける

発達障害の子どもの場合は、「音」を判別するのが苦手ということがあります。

そうした場合でも、基本の対応としては、子どもの視界に入って声をかけることが大切です。子どもは目先のことに集中しがちなので、**子どもの注意を引きつけて**声をかけましょう。

本人が気づきやすい音を探してみるのも有効です。ママやパパの声にも、聞きやすいトーンと、そうでないものがあるのかもしれませんし、「○○ちゃ〜ん♪」と歌うように呼びかけると気がつくこともあるでしょう。

肩をトントンと叩くといい子もいるでしょうし、テーブルの角をトントントンとノックのように叩くと気づく子もいます。本人と相談してみましょう。

字がきれいに書けない…

がんばって勉強しているのはいいのですが、字がとにかく雑。私には何が書いてあるのかさっぱりわからず、自分でも読めないこともあるようです……。

身につけたい力

開始
モニタリング
抑制

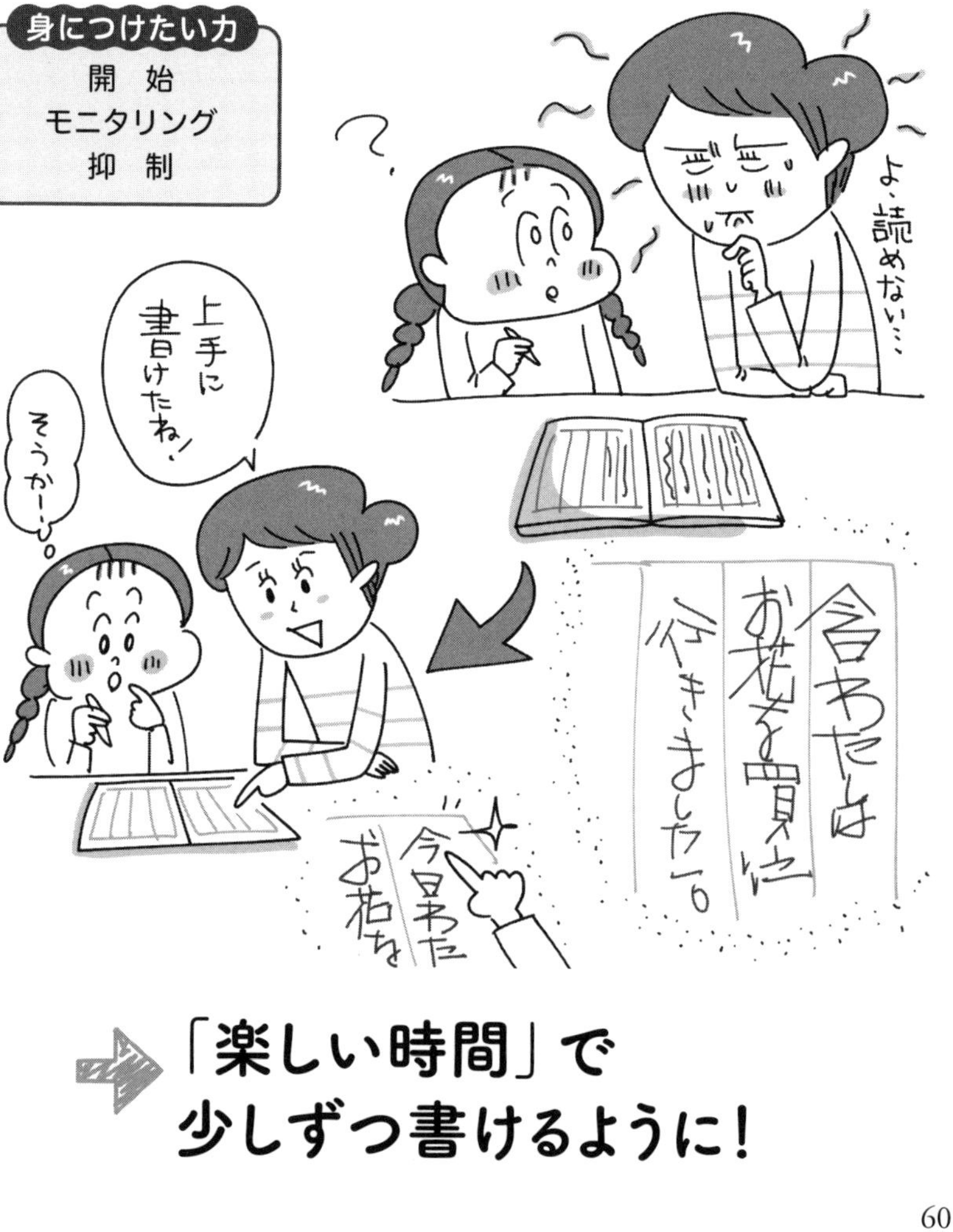

「楽しい時間」で少しずつ書けるように！

きれいな字をほめる

やればできるのに、きちんと書かない場合は、**きれいに書けている字だけをほめます。**

ノート1ページに1文字でもいいので、きれいな字を見つけて、「この字、きれいだね〜」「丁寧に書いたんだね」とほめるのです。

そのとき、「これが書けるなら、ほかも書けるよね」などと言いたくなるのはやまやまですが、子どもにはむしろ逆効果です。

親からすれば、「もう少しゆっくり書けばいいだけなのに……」と思うわけですが、ADHD傾向の子どもたちにとっては、「『少しがんばる』を『ずっと続ける』こと」がとても難しいということを知っておきましょう。

「きれいな字を書くことは、いいことなんだ」ということが理解できれば、少しずつでも丁寧な字を書こうとするようになっていきます。

書くことを苦行にしない

筆圧のコントロールができない。お手本と見比べながら、それを再現することが苦手というような、書くこと自体が難しい子どももいます。

そんな場合は、字ではなく絵でもいいので、筆記用具を使って何かを書くという行為を、家で楽しく遊びとして経験させてあげると、よい練習になります。

クレヨンでいろいろな大きさのマルを描く。鉛筆で長い線を引く。塗り絵をするときに枠線に沿ってなぞる……といったことでも、手先、指先のコントロールの練習になります。

大切なのは、親子で楽しみながら行なって、書くことを苦行にしないことです。

上手に書けるか書けないかは、二の次でかまいません。

連絡帳が書けない…

学校で毎日書くはずの連絡帳を、ウチの子は書いてきません。持たせないといけないものや宿題、連絡事項や提出期限などがまったくわからないので、困ってしまいます。

身につけたい力
開　始
プランニング
ワーキングメモリ

記憶に頼らず書く練習を！

書きやすいように連絡帳をカスタマイズ

必要事項を書き留めることには、ワーキングメモリの苦手を補うという役割があります。また、プランニング能力の基礎にもなるので、しっかり身につけたいところです。

しかし、「ちゃんと書いてきなさい！」と言うだけでは、まったく伝わらないのも事実です。

「ちゃんと」という抽象的な表現に含まれることを、具体的に細分化して伝えましょう。

また、連絡帳を子どもに合わせてカスタマイズしてあげるのはいかがでしょう。

「明日の時間割」「宿題」「持ち物」など、どこに何を書けばいいのかを、わかりやすく示してあげるのです。

それでも難しいようなら、**ちゃんと書けたらごほうび**、という方法も効果的です。

小学生のときから練習を

ASD傾向の子どもの場合は記憶力がよいので、書く必要がないから書かない、ということがあります。

しかし、小学校の間はともかく、中学校では覚えなければいけないことも増えるので、記憶に頼るのは危険です。

中学校では定期テストの範囲や提出物の期限、また、テストのための学習の計画表の作成やその記録など、自分で書くものも増えます。

それを見据えて小学生のときから連絡帳を書く練習をしておきたいものです。

連絡帳を書くのは、予定を把握する、プランニングの練習、時間感覚を養うなどの効果があります。

またASD傾向の子どもは、目で見て考える能力が強いので、それを生かすこともできます。

書いたものを見ることによって、全体の把握もしやすくなります。

行事に参加したがらない…

運動会や発表会に遠足……、行事のたびに「行きたくない」とひと悶着あり、疲れてしまいます。団体行動ができない子に育ってしまわないかと、今から心配です。

身につけたい力
抑　制
シフティング
情緒のコントロール

参加の仕方はさまざま！

参加はどんな形でもいい

普段と様子が違うことに違和感を抱いたり、聞き慣れない大きな音に嫌な気持ちになったりということが、ＡＳＤ傾向の子どもには多いと思います。

行事はその日だけのことですから、本人がどうしても苦痛だと言うのなら、無理に参加させなくてもいいのではないかと、私は思います。

たとえば運動会や発表会であれば、選手や演者として参加はできなくても、スタッフとしてお手伝いをお願いしたり、ママやパパと一緒に、みんなの様子を見たりするなどの方法でもいいでしょう。

「みんなと一緒でなければ」という考え方にこだわらず、園や学校にも協力を依頼して、**「子どもが参加しやすい方法」**での対応を工夫すれば、お子さんも「自分も参加できた」という満足感や自信、自己肯定感が得られると思います。

意味がわからないから参加できない

「何をしているのか、どうしたらいいのか、よくわからないから参加できない」ということもあります。

たとえば運動会でダンスをする場合、どうしてみんなが同じ動きをしているのかがまったくわからないということがあるのです。

こうした場合には、周囲の子よりも時間をかけて練習すれば、できるようになることもあります。学校にお願いして、ダンスの動画を早めに手配してもらい、事前に家でも練習できるようにするなどの対策をとるといいでしょう。

ＡＳＤ傾向で、音に過剰に反応する特性がある子については、大音量や大勢の話し声などがストレスとなります。耳栓やイヤーマフの使用も考えましょう。

無理をさせることがないように、**計画や練習の段階から学校の先生と連携**して、子どものための対応を考えてあげてください。

宿題が進まない…

「学校から帰ったら、すぐに宿題をしようね」と毎日言っているのですが、一度に最後までやれたためしがありません。言えば渋々はやるのですが、学習内容の習得もイマイチです。

身につけたい力
開　始
プランニング
情緒コントロール

親子で一緒にやってしまおう！

同じ時刻に親子で取り組む

まず見直したいのは、「学校から帰ったらすぐに」宿題をすることが、現実的かどうかということです。

大人でも、仕事から帰宅したら、ひと息つきたいものではありませんか？　子どもだって同じです。子どもが帰宅したら、まずは「おかえり！」と笑顔で迎えて、ひと息つく時間をとりましょう。

特に子どもが低学年のうちは、**宿題は親子で取り組みましょう。**毎日、できるだけ一定の時刻を「宿題タイム」と決めて、一緒に机に向かいます。

ママやパパは少し大変でしょうが、夕食の支度は朝のうちや少し早めに済ませておくなどして、毎日同じスケジュールで宿題に取り組めるように、環境を整えてあげましょう。

続けられる環境調整とごほうび

宿題が継続できる環境かどうかを確認しましょう。

部屋は静かですか？

周りに気が散るものはありませんか？

おもちゃやゲームは子どもの視界に入らないところに片づけてください。きょうだい児にも、その時間は静かな活動をして過ごしてもらいましょう。

声かけのタイミングは、「何かができたとき」ではなく、「何かをやっているとき」です。

「そうそう」「がんばってるね」などと、さまざまな声かけで、宿題に取り組んでいること自体を認め、励まします。

そして、**やり終えたらごほうび**です。楽しくテレビを見たりゲームをしたり、おやつタイムでもいいですね。**がんばったら楽しいことが待っているというルーティーンを活用**しましょう。

すぐに気が散ってしまう…

遊びでも学習でも、最後までやり切ることがありません。途中であっちこっちに気が散って、すべてが中途半端。集中力を身につけさせたいのですが、どうしたものやら……。

身につけたい力
プランニング
ワーキングメモリ
抑制

環境調整とごほうびで集中！

プロセスをほめてごほうびを

うつり気なのは、子どもにとって魅力的なものが、あちこちにあるからです。あることに集中させたければ、ほかのものが目に入らない環境を調整しましょう。目だけでなく、耳に入る情報も同様です。

その上で確認したいのが、過剰な課題を与えていないかということです。「AができたらB、その次はC」と課題を与え続けたり、「これ、ぜーんぶやっちゃおうね！」と膨大な量に取り組ませたりはしていないでしょうか？　子どもへの課題は、できること＋α《プラスアルファ》。＋αとは、**「少しがんばればできるもの」**です。

取り組みはじめたことを継続させるには、子どものそばで声かけをすることが大切です。「できたね！」ではなく、取り組んでいる最中に「続けてできているね」など、**プロセスについてほめます。**さらに継続させるには、ごほうびです。「やり切ったらいいことがある」を利用すれば、気も散りにくくなります。

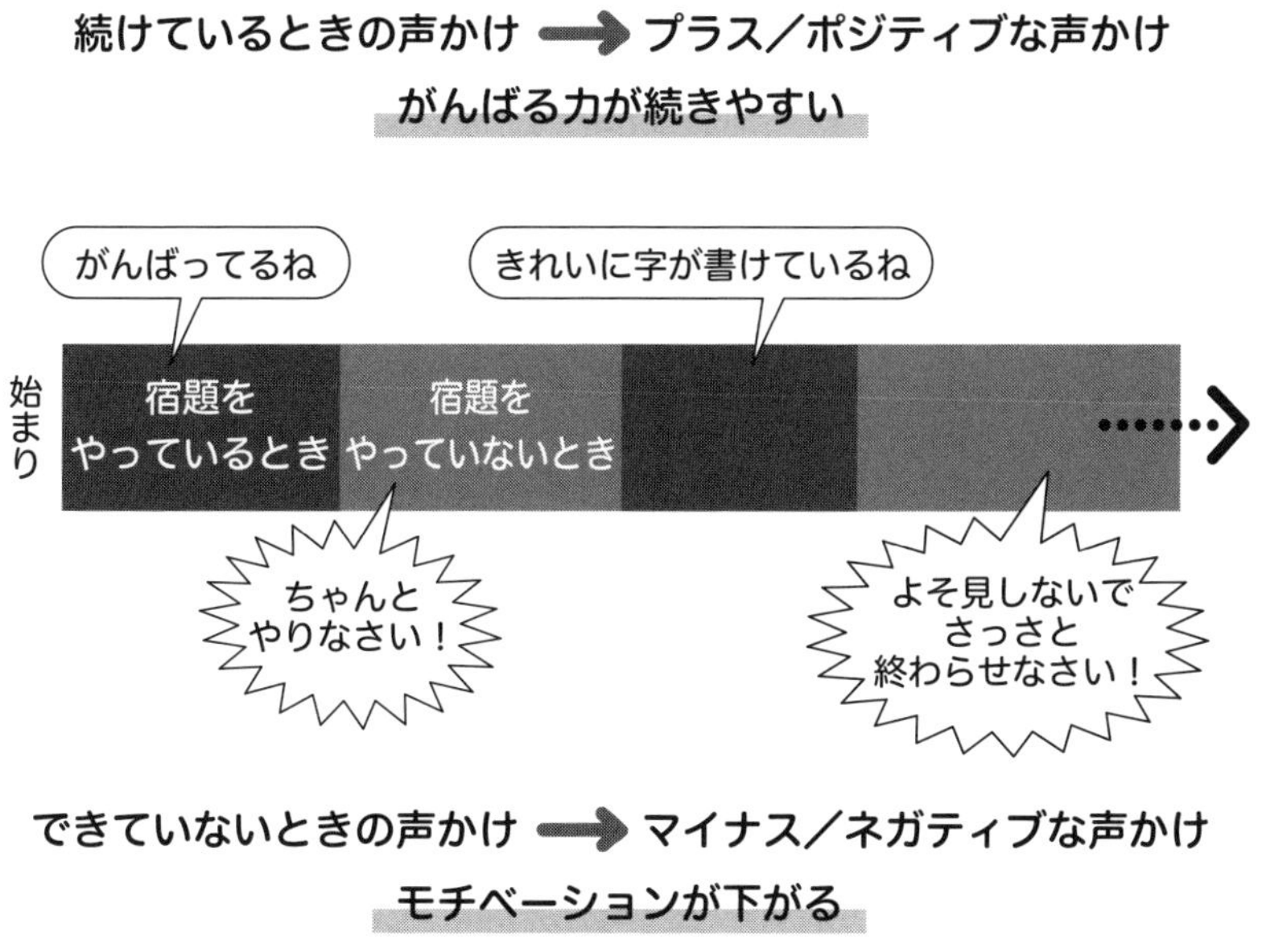
続けているときの声かけ → プラス／ポジティブな声かけ
がんばる力が続きやすい
がんばってるね
きれいに字が書けているね
始まり
宿題をやっているとき
宿題をやっていないとき
ちゃんとやりなさい！
よそ見しないでさっさと終わらせなさい！
できていないときの声かけ → マイナス／ネガティブな声かけ
モチベーションが下がる

忘れものが減らない…

何度言っても忘れものがなくなりません。学校の先生には「おうちでもしっかりしてください」と言われてしまい……。忘れものだけでなく、なくしものも多いのです。

身につけたい力
プランニング
ワーキングメモリ
道具や空間の管理

思い出す練習、忘れない練習を！

思い出す練習

注意力が不足していたり、自分の行動を振り返ることが苦手だったりすると、「忘れものをして困った」という経験を、それ以降の予防に活かすことができず、同じ失敗を繰り返すことになります。

「忘れものはない？」と聞くよりも、「今日持っていくものは、何だっけ？」と、子どもに思い出させることが大事です。

時間割表を見ながら、一緒に翌日の準備をしたり、チェックリストをつくってあげたりと、子どもにやり方を教えつつ、低学年では、最後のチェックは親がしましょう。

なくさなかったらごほうびを

なくしものが多いのは、それが「自分のもの」「大切なもの」だと認識できていないのかもしれません。教科書など、同じものをみんなが持っているようなものは、目立つところに「自分のもの」であることがわかる**マークなどをつけておく**といいでしょう。

一方で、「大切さ」を認識させることも、なかなか難しいのが現実です。たとえば、朝、「プリントはちゃんと持って帰ってきてね」と伝えても、なくしてしまう子も多いでしょう。

筆箱などにメモを貼っておいて思い出すことを促す方法もありますが、私のおすすめは**「郵便屋さん方式」**です。先生からのお手紙をママやパパに届けられたらごほうびがもらえるというもので、実行できたら「ちゃんと持って帰れたね」という言葉とともに、お菓子やポイント、トークンなど、具体的なごほうびをあげます。ＡＤＨＤ傾向の子どもには、特に効果的です。

何度も同じことを注意される…

「きれいに食べなさい」「服が前後ろになってる！」「忘れもの、ない？」……。毎日毎日同じことを注意しているのに、一向に身につく気配がありません。

身につけたい力
ワーキングメモリ
モニタリング
シフティング

ポジティブな「できる言い方」を工夫して！

できる言い方で伝える

毎日同じことを注意しているということは、言い換えれば、その注意に効果がないということ。指示の仕方や内容を変えることが必要です。

「好ましい行動」や親が求めていることの水準が、本人にとっては少し高すぎるのかもしれません。**求める水準を下げると、できることは増える**ものです。

「やり抜く力」を身につけさせたいときは、「できないことに挑戦」させるのではなく、「少し助けを借りればできることを援助し、一人でできることを増やしていく」ことを目指します。

一人きりではうまく着替えられなくても、親がそばで見ていれば、できるかもしれません。「着替えて」の指示では動けなくても、「これとこれを着て、ママに見せてよ」と言えば、できる子もいるでしょう。

できない注意を繰り返すのではなく、**できる言い方で伝える**のが、親の工夫です。

ポジティブに言い換える

指示を受け続けるというのは、誰にとってもストレスです。ママやパパからすれば、「言いたくないけれど、言わないと仕方がない」ようなときでも、絶えず何かを指示される状態にある子どもには自由がなく、心が窮屈になり、素直な気持ちでいづらくなります。

まずは、**注意する回数そのものを減らしましょう。**幼児期であれば、道路への飛び出しや火遊びなどの危険な行為、小学生以上になれば、暴力や中傷などの人を傷つける行為など、「許してはいけない行動」への注意だけに絞ってください。

その上で、言い方、伝え方も変えましょう。たとえば、**ネガティブなことも裏を返せばすべてポジティブになります。**「まだ、片づいてないじゃない！」は「ずいぶんがんばったね。もう少し！」に、「お箸しか用意していないの?!」は「お箸、ありがとう。ついでにお茶碗もお願いできる？」といった具合です。

お友だちと遊べない…

幼稚園や公園に連れて行っても、ずっと一人遊びばかり。ほかの子にはまったく興味を示しません。もうそろそろ「社会性」が育ちはじめる時期だと思うのですが……。

身につけたい力
モニタリング
抑　制
情緒のコントロール

親子遊びから段階的に！

まずは親子で楽しく遊んで

特にASD傾向の子どもの場合、他人への興味が乏しく、人とのコミュニケーションがうまく図れないという特性が多く見られます。

無理やり「遊びなさい！」と強要しても、なかなかうまくいかないでしょう。

たとえば、家の中でまずはママやパパと一緒に遊んでコミュニケーションを図るところから始めて、次は公園に行ってみるというように、**少しずつ段階を踏んでみましょう**。

公園などでも、初めから一緒に遊ばなくたって構いません。**他人と同じ空間にいることを体験するだけで充分**です。

子どもの中には、どんな子にでも親しく話しかけてくれる子もいますので、そんな子に話しかけられる経験だけでも、ASD傾向の子どもにとってはよい刺激になります。

怒る前に手を打つ

ADHD傾向の子どもの場合には、他人への興味はあります。

ただし、「自分の楽しさ」が最優先されますから、順番を守る、相手を思いやるといったことが、二の次になりがちで、友だちとうまく遊べないことがあります。

公園などでは、**「順番は守ろうね」と最初に声かけ**を。待つことが苦手な子も多いので、順番待ちが長くなるような場合には、怒ってしまう前に他の遊具をすすめてみるようにしましょう。

そうは言っても、「自分のしたいこと」をなかなか曲げないのが特性の一つです。

うまく事が運ぶように、ごほうびやトークンを用意しておくと安心です。

また、好きな遊び道具やおやつを持って行ったりすると、気を紛らわせやすくなります。

すぐに手が出る…

気に入らないこと、納得できないことがあると、すぐに手が出てしまいます。いつかお友だちをケガさせてしまうんじゃないかと心配で、いつも目が離せません。

身につけたい力
抑 制
シフティング
情緒のコントロール

言葉や行動で伝えられるように！

子どもの気持ちを代弁して聞いてみる

すぐに手が出てしまうのは、うまく言葉を伝えられないからです。日常生活の中で、「貸して」「ありがとう」などのコミュニケーションのキーワードを親子や家族で繰り返し練習しましょう。

何か嫌なことがあったのだとしても、「どうしたの？」という親の質問に対して、子どもがきちんと説明するのは難しいものです。

そんなときには、「これで遊びたかったのかな？それとも、お友だちが先に使ったのが嫌だったのかな？」と、**子どもの気持ちを代弁する選択肢を示して、**子どもの気持ちを理解してあげるといいでしょう。

暴力とは別の解決法を示す

どんな理由であれ、暴力は許容できるものではありませんから、それについてはしっかりと伝えることが大切です。

とはいえ、頭ごなしに「ダメじゃない！」などと叱責しても、子どもは、その理由ではなく「叱られた行為」しか理解できません。

「叩いちゃダメ！」ではなく、どうして暴力を振るってはいけないのかを明確にしてから、手を出すのではなく、**どうすればよかったのかを言葉や行動で伝える**ようにしてください。

そのとき、紙に絵を描いて説明すると、状況が理解しやすくなります。相手の気持ちを文字にして書くと、わかりやすいでしょう。

順番が守れない…

公園の遊具などで順番が守れなくて、親御さんの冷たい視線も気になります。「順番を守ろう」と何度も言って聞かせるのですが、思い通りにならないと泣きわめいてしまいます。

身につけたい力
抑　制
シフティング
情緒のコントロール

普段から「待つこと」の練習を！

待つことのメリットを伝える

順番を守ることを諭《さと》すより、**「待つこと」のメリットを伝える**ようにしてみましょう。「順番を守れると、みんなも気持ちいいし、あなたのこともいい子だと思ってくれるよ」という具合です。「それじゃみんなに嫌われるよ」では、子どもにはわかりにくいものです。

普段から「待つこと」を練習しておくのも大切です。たとえば、カップ麺を食べるときに、「できたよ」と供するのではなく、「一緒に3分待ってみようか」と声をかける。お風呂に入って「100数えたらあがろう」と数を数えさせる。何かを選ぶときに「どっちがいいか考えてみようよ」と考える時間を取るなど、日常生活のさまざまなシーンで取り組んでみてください。「早く早く」と追い立てられてばかりでは、「待つこと」は身につきません。

ゆっくりでも**子どもが一所懸命に取り組んでいるときは、ママやパパがじっと待つ番**です。

視覚的に伝える

待つことができないときは、目先を変えるのも一つの手です。一つの遊具に固執しそうになったところで、「あっちに行ってみようか」と誘います。遊具を換えるだけでうまくいくこともあれば、公園などの場所自体を換えたほうがいいこともあります。**状況に応じて、いくつかの選択肢から対応できると安心**ですね。

発達障害の子どもの場合、「言って聞かせる」だけでは、行動は変わらないことが多いものです。そんなときに備えて、ルールなどを絵に描いたカードなどの視覚ツールを用意しておくのがおすすめです。

遊ぶ前に、遊具に順番に並んでいる子どもたちの絵を描いたカードを見せながら、順番を守るように話すと、ルールの理解も進みます。特にASD傾向の子どもを「ダメ!」「いけません!」という強い語調で諭すのは、本人が混乱をきたします。**どうしたらいいのかを、具体的に説明**しましょう。

きょうだいゲンカばかり…

家の外では友だちと言い争うことなどないのですが、家にいると弟とケンカばかり。きっかけは些細なことばかりなので、「お兄ちゃんでしょ！」と、つい叱ってしまいます。

身につけたい力
モニタリング
抑　制
情緒のコントロール

きょうだいそれぞれに寄り添って！

どちらの気持ちもわかってあげて

きょうだいのある暮らしは、きょうだいにとって社会性の発達にプラスに働きますが、遠慮のない関係だけに、ぶつかり合うことも多いものです。

発達障害の子どもの場合、外でがまんしていたり、がんばっていたりする分、家で年下のきょうだいにつらく当たったり、ママやパパに叱られてばかりいるストレスをぶつけたりすることがあります。

じゃれ合い程度であれば仲裁の必要はないでしょうが、エスカレートして仲裁が必要な場合でも、「お兄ちゃんでしょ！」と押さえつけるのは避けたいものです。「お兄ちゃんは触ってほしくなかったんだよね。○○ちゃんは一緒にやりたかったんだよね。お兄ちゃん、一緒は嫌？」というように、**お互いの気持ちを代弁し、状況を整理してあげる**のが効果的です。

どちらが悪いかのジャッジは不要ですが、危ないことをしたときは、毅然とした態度で制止してください。

きょうだいそれぞれにスペシャルタイムを

きょうだいのいずれかが発達障害の場合、定型発達のきょうだいのほうに、必要以上のがまんを強いていることがあります。

発達障害があるきょうだいのほうにどうしても手がかかるために、いつもさびしい思いを抱いているかもしれません。

ママとパパで協力して、それぞれの子どものためだけの**「スペシャルタイム」**（21ページ）を定期的に取れるよう工夫をしましょう。

定型発達のきょうだいは、ママやパパが大変であることが理解できますし、だからこそ自分の気持ちにふたをしてしまいがちです。

「自分がお利口にしなければいけない」と過剰適応したり、場合によっては、親と同じようにきょうだいを批判したりすることもあります。

片づけが苦手…

目いっぱい遊ぶのはいいのですが、出すだけ出して、自分で片づけることができません。「片づけなさい！」と言い続けるのにも疲れて、結局、親が片づけています……。

身につけたい力
ワーキングメモリ
開始
抑制

さまざまなアプローチで片づけ方を工夫！

指示はシンプルで具体的に

「片づけなさい！」と言うとき、皆さんがイメージしている「スッキリ片づいている」状態にするには、実はさまざまな実行機能が必要なので、子どもにはかなり高度な要求なのです。

子どもが思うように動いてくれないときには、**指示の内容を見直しましょう。**

指示はシンプルに。積み木を箱に入れることができれば、箱の中が多少乱れていてもよしとしましょう。積み木、クルマ、おままごと道具など、中身がわかりやすいラベルを貼った箱を用意し、「クルマはクルマのマークの箱に入れよう」とシンプルな指示を出し、その様子を見てあげましょう。ちょっとしたゲーム性を楽しめる子もいるでしょうし、やはりごほうびやトークンが必要な子もいると思います。

毎日のルーティーンに、「お片づけタイム」を設定しましょう。

遊びと収納のスペースを区別する

せっかく片づけはじめたのに、途中でまた遊びに戻ってしまうということもよくあります。特にワーキングメモリに苦手がある子どもの場合、「今は片づけの最中である」ということを忘れてしまうのです。

対処法としておすすめなのが、**遊ぶスペースを決める**ことです。収納スペースとは別のところに遊ぶスペースを設定し、子どもは収納スペースからおもちゃを遊ぶスペースに持ってきてから遊ぶようにします。

一定の場所を設定することで、際限なく散らかることが防げますし、途中で別のおもちゃに出合って、そちらに気が取られることも少なくなります。

遊ぶスペースが散らかりはじめたタイミングで、「○○ちゃん、もう場所がないから、一度片づけようか」と声をかけます。スペースに区切りがあることで片づけなければいけないことが可視化されるので、納得のもと片づけに取り組むことができます。

ゴミが捨てられない…

床にゴミが落ちていても知らん顔。「ゴミくらい自分で捨ててよね！」と、ついつい叱ってしまいます。親は１日中ゴミを拾っている気がして、もうヘトヘトです……。

身につけたい力
開　始
モニタリング
シフティング

ゴミ箱を増やすなどの環境調整を！

ゴミ箱を増やすのも一つの方法

ゴミが落ちていたら誰に言われなくても拾うという簡単なことも、発達障害の子どもたちには難しいことです。遊んでいるときに出たゴミは、遊びに夢中なので見えていないと考えたほうがいいくらいです。まずは、ゴミがあったら拾う、あるいはママやパパに伝えるというように、ルールを明確にしましょう。「言わなくてもわかるよね」といった暗黙の了解は、この際ナシにします。

注意力に不足があったり、覚えておくのが苦手だったりする子が多いので、「ゴミはゴミばこにすてよう」と、よく見える位置に掲示するのも効果的。

もう一つ有効なのは、**ゴミ箱の数を増やす**ことです。家のあちこちにゴミ箱を置き、探さなくてもゴミがすぐに捨てられるようにしてしまうのです。「好ましい行動」が簡単に実行できるように**環境を調整することで、できるようになることが、実はたくさんあります。**

ゴミ箱リーダーに任命！

子どもに役割を与え、それに楽しく取り組めるように工夫するという方法もあります。

「○○ちゃんは、ゴミ箱リーダーね」と、ゴミ拾い担当に任命し、ママやパパもゴミを見つけたら子どもに「リーダー、ゴミを発見しました！」と報告するのです。

リーダーの役割はそのゴミをゴミ箱に入れること。上手にできたらポイントがもらえるなどにすると、さらに意欲が高まります。

こんなふうに、**「他人事《ひとごと》」だった事柄を「自分事《じぶんごと》」として捉え直す練習が大切**です。

わ〜い
はい ありがとうシールね
ゴミ箱リーダー

ゲームがやめられない…

テレビやゲームがスパッとやめられません。時間を決めてもダメで、結局、親がスイッチを切ったり取り上げたりすることに。自分でやめられるようになってほしいのですが……。

身につけたい力
ワーキングメモリ
抑制
情緒のコントロール

「やめる練習」で自律心を！

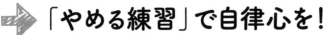

「やめることが得だ」と理解させる

ゲームはとても魅力のあるもの。子どもは特に引きつけられます。

ゲームを何時から始め、何分するかといった約束はとても大事です。あらかじめ決めておいて守れるようにしていきます。平日と休日では時間を変えてもいいでしょう。連続してゲームをしないように、休みの日は午前1時間、午後1時間などとするのもいいでしょう。

やめる練習のためには、決めたルールどおりにゲームをやめられたらもっといいことがある、つまり**「やめること」＝「お得なこと」**と理解できるようにするのが目標です。

時間どおりにやめられたら、週末に15分余分にゲームをやってもいい「15分券」がもらえる。さらに1回やめることができたら1ポイント。100ポイントで新しいゲームソフトが買ってもらえる、などというシステムをつくってみましょう。

親もゲームに関心を持って

ＡＳＤ傾向の子どもは特にゲームにのめり込みやすいものです。上記のように、ルールを決めて守れたらごほうびがもらえるシステムをつくりましょう。

また、「ゲームをやめる時間の5分前にタイマーを鳴らす」というのも、切り替えが苦手な子どもには、とても有効です。

ＡＳＤ傾向の子どもの場合は、強い語調で叱責されることから受けるストレスが非常に強いので、「やめなさい！」と叱られ続けること自体が、余計に状況を悪化させ、さらにゲームの世界に逃げ込んでしまうという悪循環に陥ることがあります。

親自身がゲームに関心を持つのも、子どもを理解する良い方法です。子どもがゲームを終えたときに、「惜しかったね」「さっきのうまかったね」と、家族で楽しめる話題の一つにすれば、ゲームの世界だけに没頭することは防げるでしょう。

きれいに食べられない…

とにかく食べこぼしが多くて……。「姿勢が悪いからじゃない？」「お箸をちゃんと持ってみなよ」と注意をするのですが、まったく改善されません。

身につけたい力
道具や空間の管理
モニタリング
抑　制

親子で楽しい時間に！

マナーより、楽しい時間を

食事に関しては、**「楽しい時間を親子で過ごす」**ということを、いちばん大事にしてください。多少のマナーの悪さや食べこぼしなどは目を瞑《つぶ》ってあげましょう。1日3回の食事のたびに、細々と注意ばかりされたのでは、子どもも大人も食事が楽しめなくなってしまいます。

食べこぼしがあっても叱責するのではなく、「落ちちゃったね、ニンジンさん、お出かけしたかったのかな～」などと、冗談にしてしまっては？ 食べこぼしがひどい場合は、トレイやマットなどの**便利グッズ**をうまく使えば、掃除や片づけも楽になると思います。

「食べられるもの」で工夫を

特にASD傾向の子どもの場合、極端な偏食が見られることがありますが、それも特性の一つですから、無理やり食べさせても改善は期待できません。

同じ食材でも、「こうすれば食べられる」という特定の食べ方がある子もいます。

また、成長とともに好みが少しずつ変化することも、よくあります。

まずは「何なら食べられるのか」をよく観察し、**食べられるもので上手に献立を構成してあげる**ようにしましょう。

「感覚過敏」のために口の中の感覚やにおいに過敏になって、偏食になってしまうのです。

年齢とともに特性が緩和されたり、好みが変わったりすることも多いので、**「今はこういう時期なんだな」と割り切ることが大切**です。

お風呂を嫌がる…

お風呂が苦手のようです。入浴は毎日行なうものだということをわかってほしいのですが、うまくいきません。入っても、体を洗わない、シャンプーも嫌と、イヤイヤばかりです。

身につけたい力

開 始
抑 制
情緒のコントロール

「入るといいこと」でゆっくり習慣化！

感覚過敏かも？

お子さんに**「感覚過敏」**はないでしょうか？　シャンプーや石けんの香り、タオルの肌触り、お湯の温度、人に触られる感覚など、特定の感覚を不快に感じているのであれば、それを軽減させる工夫が必要です。

人に触られたくないのなら、洗い方を教えてあげて自分でできるようにしていく。シャワーの水圧が不快なら、シャワーヘッドを替えてもいいでしょう。近年は「湯シャン」と言って、お湯だけで洗髪する人も多いようです。シャンプーやトリートメントが苦手なら、必要ないかもしれません。

心地よく感じる時間も、人それぞれです。ママやパパが「もうあがるの?!」と思っても、**本人がよければ、それでよし**としていいのではないでしょうか。

まったく湯船に浸からないようなら、歌を歌う、数を数えるなど、一定の時間じっとしていられるように気持ちを持っていってあげられると、いいですね。

入浴の意味を伝える

入浴の意味がわかっていないことも考えられます。清潔を保つことは、健康増進や保健衛生の観点からも大切なことです。

単に「毎日入るもの」として教え込もうとするのではなく、絵本などを活用して、「どのようにしてお風呂に入るのか」「清潔にすればどんないいことが起こるのか」を説明しましょう。

「お風呂に入らないと、ばい菌がいっぱいになって、病気になっちゃうよ」というような、ネガティブな言い方はしないほうがいいでしょう。

「お風呂のあとに楽しいことが待っている」と見通しをつけてあげましょう。お風呂上がりのデザートやゲームなど、楽しいことで引きつけます。

ＡＳＤ傾向の子どもの場合は、「お楽しみ」を絵に描いてあげると、より効果的です。

トイレがきれいに使えない…

トイレの始末がとにかく雑！　水を流さない、手を洗わないことはいつものことだし、床にはポタポタ落ちてるし……。子どものトイレのたびに拭き掃除は、うんざりです。

身につけたい力
プランニング
モニタリング
シフティング

「ちゃんと」ではなく具体的に説明！

「ちゃんと」ではなく具体的に

「ちゃんとして！」だけでは伝わらないのが、発達障害の子どもたちです。

「ちゃんと」とはどういうことなのか、できなかったときにはどうすればいいのかを、叱るのではなく、**わかるように教える**ことが必要です。

トイレに入ってから出るまでの流れを、子どもの目につくところに掲げておきましょう。

また、おしっこを失敗してしまったときに、親がさっさと掃除してしまうのではなく、どこがどうダメなのかを、**現場で子どもに説明する**のも有効でしょう。

特に男の子の場合は、パパの出番です。

どの辺りに立って、どんなふうにすると飛び散りにくいのかをレクチャーしてあげましょう。

男の子も座って済ませるスタイルが定着しているようです。便座に深く座ってから少し前傾姿勢になるようにすると、周囲に飛び散りにくくなります。

便利グッズを上手に活用

便利グッズも上手に活用しましょう。便器に貼る的シールは、おしっこが上手に当たると絵柄が変わるものもあり、楽しみながら済ませられます。

また、適切な立ち位置に足形シールを貼ったり、踏み台を置いたりしてもいいでしょう。

大人用のトイレを子どもが上手に使うのは、本人の努力だけでは難しいことのほうが多いと思います。

流すことを忘れたり、照明を消し忘れたりすることの予防としては、「流す」「電気を消す」などを絵に描いてドアに貼っておき、リマインダーとして確認するようにしましょう。

また、**トイレ掃除のお当番を家族で分担**してもいいですね。どこがどんなふうに汚れるのかを知ることは、大切なことです。ただし、子どもが進んでトイレ掃除をすることは少ないと思いますので、ごほうびやトークンと組み合わせるのがおすすめです。

なかなか寝ない…

「9時になったら寝る時間」と口を酸っぱくして言うのですが、ゲームだ、テレビだと、まったく床に就こうとしません。寝床に入っても、眠くないようです。

身につけたい力
開始
抑制
情緒のコントロール

生活リズムを整えて快眠習慣！

快眠のコツは規則正しい生活

発達障害の子どもには、「眠りに就くまでに時間がかかる」「途中で何度も目が覚める」などの、**眠りに関する困り感**がよく見られます。

定型発達児における睡眠障害の割合が5〜9%なのに対して、ASDで50〜80%、ADHDで25〜50%の子どもに、何らかの睡眠障害があるという研究結果もあります。睡眠は、脳と体にとって非常に重要なものです。

睡眠障害を解消するには、**生活リズムを整えること**が大切です。朝は早めに起き、日中にしっかり太陽の光を浴びて体を動かし、夜は自然に眠くなるようにできれば、それがいちばんです。

寝る前のルーティーンを確立することも、一つの方法です。テレビやゲームは就寝2時間前までにやめる、照明を徐々に暗くしていくなど、**スムーズに入眠できるような流れと雰囲気**をつくりましょう。

就寝前はゆったり過ごす

スムーズに眠りに就くためには、睡眠中の環境を整えることも大切です。

パジャマや目覚まし時計を子ども本人に選ばせてあげたり、お気に入りのぬいぐるみや好きな感触のタオルを握ったりというように、**楽しみや安心感を与える工夫**も有効です。

心の安定という意味では、**寝る前のひとときを家族でゆったりと過ごす**というのもいいですね。

絵本の読み聞かせをしたり、おしゃべりしたり……。親も子どもと一緒に寝てしまうかもしれません。楽しかった時間とママやパパと一緒に寝られる安心感で、眠りづらさの困り感も緩和されるでしょう。

睡眠障害と日中の困った行動には密接な関係があると言われており、睡眠障害が緩和されれば、日中の困り感が減ることも期待できます。

ウソをつく…

幼い頃は空想の世界の話をよくする子だったのですが、大きくなるにつれウソや虚言を口にするようになりました。「ウソはいけない」と諭すのですが、変化がありません。

身につけたい力

モニタリング
抑　制
情緒のコントロール

子どもの心に耳を傾けて!

ウソの理由を考える

ファンタジーのような悪意のないウソは、神経質になる必要はありません。

子どもがウソをつくようになったら、その理由を考えることが大切です。

叱られないためのウソをついているようなら、ママやパパの日常の対応の見直しが必要です。

「宿題、したの?」と聞かれる↓「してない」と言う↓怒られるという図式が子どもの頭に刷り込まれているので、「したよ」とウソをついて逃げるのです。

ウソをついたらあとでもっと叱られるとしても、「今」叱られないのなら、そのほうがいいのです。「本当のことを言っても叱られない」と安心させて、子どもとの信頼関係を築いていきましょう。

叱られるのが怖くてウソを言っていると、本当に親の助けが必要なときに、それを伝えられなくなります。

いつもより丁寧に接して

子どものつくウソには、親の気を引くためのものもあります。「もう小学生なのに?」「幼い弟でも、もうそんなことはしない」と思われたママやパパもおられるかもしれませんが、ADHD傾向の子どもは、実年齢に対して精神的に幼いことが多くあります。一般的には実年齢の3分の2くらいと捉えるといいと思います。実年齢6歳の子であれば、4歳くらいということ。甘えたい盛りで、ママやパパの気を引こうと、怒られるようなことをわざとするのです。

ママやパパからすれば、「どうせなら、よいことをしてほめられるようにすればいいのに」と思われるかもしれませんね。でも、怒られてまで気を引こうとする子どもの気持ちを想像してみましょう。

子どものウソが出てきたら、**いつもより丁寧に接してあげてください。**何か困ったこと、つらいことがあるのかもしれません。

やることを忘れてしまう…

いけないとはわかっているようなのですが、やるべきことを驚くほど忘れてしまいます。途中で目についたものに気を取られてしまうのが、主な原因のようなのですが……。

身につけたい力

プランニング
ワーキングメモリ
情緒のコントロール

ルーティーン化で忘れない！

やるべきことをルーティーン化

ワーキングメモリに苦手がある場合、「覚えられない」「すぐ忘れる」ということは、よく起こります。大人であればＴＯ《トゥー》 ＤＯ《ドゥー》リストをつくってチェックしていくようにすればいいのですが、子どもの場合は、周囲のサポート必要です。

まず考えたいのは、**ルーティーン化**です。１日の流れを紙などに書き出し、時系列でしなければいけない行動を、スケジュールにしておくのです。

ただしルーティーン化は、子どもの特性によってアレンジが必要です。ＡＳＤ傾向の子どもはルーティーン化に馴染《なじ》みやすいのですが、その手順にこだわりすぎる傾向があります。融通がきかなくなるのです。

突然の変更にはパニックを起こす場合もありますので、ルーティーン以外のことをしなければならない場合は、事前に伝えておくことや、なぜそうしてほしいのかを丁寧に説明することが大切です。

ポイント制で動機づけをする

ＡＤＨＤ傾向の子どもの場合は、ワクワクすることやおもしろいことに興味を示します。単純にルーティーン化するだけでは、すぐに飽きてしまうようになります。

トークンやポイント制にして、貯まったポイントごとにごほうびを変えるなど、ゲーム感覚で取り組むと効果があります。

ポイント設定のときに、あまりにもたくさんのポイントを貯めなければならないようなルールだと、うまくいきません。そこまで待てないのが、ＡＤＨＤの特性です。

落ち着きがない…

幼い頃からずっとですが、多動がおさまりません。唐突な動きも多いので、周囲を困惑させることもよくあります。お出かけすると、さらにひどくなります。

身につけたい力

モニタリング
抑　制
情緒のコントロール

ルールの「見える化」で理解を促す！

ルールブックをつくって子どもと共有

ＡＤＨＤ傾向の子どもは、じっとすることが苦手です。道路や駅のホームなどでは危険が伴いますから、外出時は特に注意が必要です。

ＡＳＤ傾向の子どもは、耳で聞くより目で見たほうが理解しやすいことが多いので、ママやパパお手製の**ルールブック**をつくってみましょう。

「道路を渡るときは、右・左・右」「授業中は、手を挙げて当てられたら話す」「トイレは休み時間に行く」など、イラストを添えて、朝、家を出る前に一緒に確認します。

可能であれば、学校の先生とも共有し、立ち歩きや大声などの際にはカードを見せてもらい、どうすればいいのかを確認してもらうようにしてもいいと思います。

安定した生活の枠組みを整える

気の張るレストランや映画館など、じっとしていたり、静かにしたりしていることが求められる場所には、特性が落ち着くまでは当分行かないようにしましょう。**無理に出かけても、親も子もストレスを感じるばかり**です。

休みの日には**親子でたっぷり外遊びを楽しみましょう。**また、体を動かす習いごとに通えば、「多動」も「活発さ」と捉えられ、子ども本人の自信や自己肯定感の獲得にもつながります。

多くの場合、**多動の特性は年齢とともに次第に落ち着きます。**3分の1の子は、成長とともに症状が目立たなくなり、3分の1の子は、生活上の工夫で特性をコントロールできるようになると言われています。

日中は活動的に過ごし、夕方以降は静かな活動に移行するなど、安定した生活の枠組みをつくることが、特性の緩和に役立ちます。

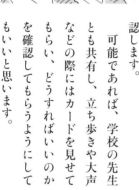

パニックを起こす…

気に入らないことがあると、癇癪を起こして暴れます。家の中だけでなく、どこでもお構いなしなので、いつスイッチが入るかと思うと、いつもヒヤヒヤです。

身につけたい力

抑　制
シフティング
情緒のコントロール

気持ちや状態を言葉で表現！

パニックの原因を理解する

パニック対策の第一歩は、**原因の究明**です。

「すぐに癇癪《かんしゃく》を起こす」と思っていらっしゃる親御さんが多いのですが、子どもをよく観察すると、パニックを起こしやすくなるタイミングや時期、サイクルがおおむねわかってくることがあります。

たとえば新学年の始まり、行事の前後、長い休暇のあとや月曜日、季節の変わり目、台風や低気圧などの天候の悪化、空腹時、眠いときなど……。

おおよその原因がつかめたら、事前に手を打つことができるので、パニックの回数は格段に減るでしょう。

それでもパニックが始まってしまったら、しばらくそっとしておいて、落ち着いたところで「嫌だったんだね」「つらかったんだね」「切り替えられて偉かったよ」と、**気持ちや状態を言葉にして表現**してあげましょう。

気持ちカードで感情表現

パニックになる原因には、自分の思いをうまく言葉にできなかったことも挙げられます。

発達障害の子どもたちは、自分の思いや困り感を言葉にすることが苦手です。それが子どもの内に溜め込まれて限界に達したとき、ちょっとした混乱をきっかけに、パニックとして噴出するのです。

そこでおすすめのアイテムが、**「気持ちカード」**です。子どもがよく感じる気持ちを絵カードにしたものです。気持ちを表現しにくい子どもでも、カードから選べばいいので、比較的簡単に意思表示ができます。

カードを示したら、ママやパパが「そうか、つらかったんだね」と言葉にして聞かせてあげると、**感情の言語化**の基礎をつくることもできます。

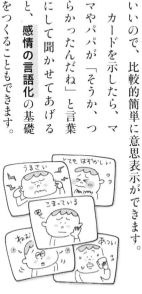

反抗する…

年齢が上がるに従って、すごく反抗するようになってきました。家の壁をなぐったり、ものを投げたりするので、怖くて手がつけられません。

身につけたい力

モニタリング
抑制
情緒のコントロール

「心の悲鳴」をしっかり聞いて！

反抗は心の悲鳴

定型発達の子どもの場合でも、反抗期と呼ばれる時期があり、発達における自我の目覚めと捉えられます。

しかし、発達障害の子どもの反抗は、明らかにそういった成長過程とは一線を画した、ひどい状況になることがあります。

反抗がひどければひどいほど、何かがうまくいっていない、**心の悲鳴**だと捉えてください。

親をはじめとする周囲のすべてから高圧的な言動を受けることが多く、ただでさえモヤモヤした気持ちで毎日を送っているのに、それをうまく言葉で伝えることができない子たちは、反抗という形で自分の心の叫びを表現しているのかもしれません。

スペシャルタイムを試してみて

特に強い反抗がある場合は、親子関係の再構築が必要な場合が多くなります。

おすすめの方法は**「スペシャルタイム」**です。子どもがしたいことを一緒にする時間を親子で持ちます。1日15～20分、週に5日、親が子どもと一緒の時間を過ごすのです。

子どもの遊びに参加させてもらう姿勢で臨みます。親がその場を仕切ることも、誘導することもしません。ただ、子どもとの時間を楽しみ、「今のボール、いいね」「きれいな絵だね」「長くつなげられたね」というように、ポジティブな声かけを心がけます。

時折、ママに反抗するからパパに任せよう、あるいはその反対を行なおうとするご家庭がありますが、関係が悪化しているところを再構築する必要があるので難しいかもしれませんが、子どもと遊ぶことを一度は試してみてください。

column

「脳の働き方」を上手に活用しましょう

発達障害（特にADHD傾向）の子どもには、「ごほうび」が効果的であることは、本文で繰り返し説明している通りです。

しかし、多くの親御さんは「ごほうび」に抵抗感を抱かれると思います。しかし、「ごほうび」は発達障害の治療には欠かせないものです。なぜなら、それが「やり抜く力」を子どもに発揮させる、いちばんのスイッチだからです。

友田明美氏が、いわゆる定型発達の子どもとADHDの子どもを対象に、「報酬（ごほうび）」と「脳の活性化」の関係について調べた実験があります。

子どもたちにはカード当てのゲームをしてもらい、次の3つの課題を試しました。

①当たったらたくさんお小遣いがもらえる（高額報酬課題）
②当たったら少しだけお小遣いがもらえる（低額報酬課題）
③当たってもまったくお小遣いがもらえない（無報酬課題）

結果は、定型発達の子どもの場合、報酬の有無や金額の高低にかかわらず、ゲーム中は脳が活性化していました。一方、ADHDの子どもは、①（高額報酬課題）のときには脳が活性化したものの、②（低額報酬課題）では活性化が鈍かったのです（ちなみに愛着障害の子どもは、①②③すべてに対して活性化が見られませんでした）。

この結果から言えるのは、発達障害（特にADHD傾向）の子どもは「ごほうび」によって脳がより活性化する傾向があるということです。それは善《よ》し悪《あ》しの問題ではなく、「脳の働き方」とも言えるものです。そうした特性を、生活動作における実行機能の発揮にうまく活用することは、理に適《かな》っています。

ただし、「高報酬」というのは、必ずしも金銭の多い・少ないではありません。それぞれのお子さんが喜ぶ報酬、やる気を引き出せる報酬が、必ずあるはずです。親御さんがそれを上手に見定めて、子どもの「やり抜く力」の醸成に活用してください。

PART 3

「かわいがる子育て」のススメ

想像してみましょう 子どもの心の中

◆ADHDの子どもの気持ち

発達障害の子どもたちは、自分の気持ちや思いをうまく表現できないことが多いものです。ここでは、そんな子どもたちの心の中を覗《のぞ》いてみましょう。

小学2年生のAくんは、いつも元気いっぱいの男の子です。授業中、じっと座っているのが苦手で、すぐに立ち歩いてしまいます。忘れものやなくしものも多く、先生から注意されることもしばしばです。

ぼく、学校はすごくすきだよ。友だちもいるし。でも、勉強はきらい。わかっていることばかり何度もさせられるし、先生はいつもうるさいし……。ぼくはもっとボール遊びがしたいのに、がまんして勉強してる。なのに、ママも先生もずっともんくを言う。字はていねいに、やればできるんだからって。いやになっちゃう。

ぼくは学校から帰ったらゲームがしたいのに、先生は宿題をいっぱい出す。ママも「宿題が先よ」って言うけど、ぼくはゲームがしたいの。


そこで、Aくんとお母さんに、私はこんな提案をしました。

宿題ができたら、ゲームを30分していいことにし、それを週に3回できたら、週末にプラス30分、ゲームができるという約束をするのです。

最初、こうした「ごほうびをあげること」にお母さんは戸惑われましたが、結果的に小言が減ったせいか、宿題以外にも「きれいな字を書いた」と見せてくれることが増えるなど、好ましい行動が増えましたと、効果を実感してくださったようです。

このときのAくんの気持ちはこうです。


宿題をしたらゲームができる。そんなの、ぼく、かんたん。このごろ、ママがガミガミ言わなくなった。字を書いたら、ニコニコしてた。

◆ＡＳＤの子どもの気持ち

５歳のＢくんは、年少のときに小児科医からＡＳＤの傾向があると指摘を受けていますが、診断には至っていません。こだわりが強くて、ほかの子への興味は少なく、いつもひとり遊びばかりしています。

ようちえん、きらい。みんなうるさいし、ずっとうごいていて、へんなの。ぼくはそんなにうごけないし、しゃべりたくもない。それをせんせいやおともだちはわかってくれない。

ぼくはしずかにタオルにくるまっていたいのに。せんせいがときどき、ぼくにいう。「おゆうぎですよ」って。おゆうぎってなに？　みんな、なにしてるの？

ぼくはそんなこと、したくないの。

指摘を受けてから、Ｂくんは療育施設にも通っており、また、園もＢくんには丁寧な対応を図っていました。それでも、幼稚園はＢくんにとって居心地のよい場所ではなかったようです。
Bくんの親御さんには、こんな提案をしました。
まず、1日のスケジュールづくりをお願いしました。そして、おうちだけでなく園にも協力してもらい、朝の「お歌」の時間、自由時間、給食やお弁当の時間……というように、楽しいイラスト付きのスケジュール表を掲示してもらいました。さらに、ある活動から次の活動に移る際には、「Bくん、長い針がいちばん上になったら、お片づけしようね」と「予告」をしてもらうようにしました。

ようちえんでね、あさにおうたをうたうんだよ。せんせいがピアノをひく。きれいなおと。そのあとは、なにしてあそんでもいいの。ぼくがすきな「つみき」をしてもいいんだよ。せんせいがとけいのはなしをしにきたら、おかたづけ。そのあとはおひるごはんをたべるんだ。もうあんまりこわくないよ。

ASD傾向の子どもにとっては、見通しを明確にしておくことが安心感につながります。この後BくんはASDの診断を受けましたが、順調に通園を続けました。

愛着障害 マルトリートメント 二次障害

◆親子の間に絶対的な安心感が育まれる愛着形成

赤ちゃんは通常、生後5～6カ月頃までに、ママやパパを「特別な存在」だと認識するようになると言われています。それまでは誰に抱っこされても泣かなかった子が、親以外に抱っこされるのを嫌がったり、親が見えなくなるだけで泣いたりするようになります。そして成長するに従って、実際に親がそばにいなくても、その存在を自分の中で認識できるようになり（内在化）、外の世界へどんどん足を踏み出していくようになります。

親が子にとって絶対的な「安心・安全基地」となっていることを「**愛着形成**」と呼びますが、それがうまく育まれない状態を「**愛着障害**」と言います。

愛着形成はママ以外の家族間でも育まれますが、授乳やお世話で接点が多くなるママとの間に育まれることが、やはり多くなります。

◆愛着障害から発達障害のような様子が現われることも

アメリカの特定非営利活動（NPO）法人「ターンアラウンド・フォー・チルドレン」は、「レリジエンス、好奇心、学業への粘りといった非認知能力は、まず土台となる実行機能、つまり自己認識能力や人間関係をつくる能力などが発達していないと、身につけることが難しい」とし、「こうした能力も、人生の最初期に築かれるはずの安定したアタッチメント（愛着）やストレス管理能力、自制心といった基幹の上に成り立つ」と報告しています。

つまり、「生きていくために必要な能力」を育むには、「やり抜く力（実行機能）」を身につけることが大切であり、さらにその土台づくりには、愛着形成が必要だということです。

愛着形成が不充分だと、その上に積み重ねられるべき能力を積み重ねることができません。そうであるばかりか、繰り返し注意しても基本的な習慣が身につかない、やる気が見られない、暴力を振るうといった、一見、発達障害のような様子を子どもが見せることがあります。

◆不適切な養育「マルトリートメント」

児童精神科医である友田明美氏は、「強者である大人から、弱者である子どもへの不適切な関わり方」を「マルトリートメント」と呼んでいます。

友田氏らが行なった、脳の画像診断法をもとにした研究では、マルトリートメントが実際に子どもの脳にダメージを与えることが明らかにされました。

幼少の頃に親のドメスティック・バイオレンス（ＤＶ）を日常的に見たり、言葉によるＤＶを直接経験したりしていると、正常な脳と比べて、視覚情報や聴覚情報を認識する部分が最大で20％萎縮したというのです。

ＤＶや虐待ほどではなくても、親からの度重なる叱責や暴言、過剰な要求や過干渉などは、マルトリートメントに匹敵します。

マルトリートメントでダメージを受けた脳は適切に機能しなくなるので、発達障害のような様子を見せることがあります。

さらに発達障害があると、できないことや失敗がどうしても多くなるのでマルトリートメントが増え、ますます悪循環に陥ってしまうことが懸念されます。

◆二次障害は「子どもを追い詰めた結果」

発達障害とは、生まれつきの脳機能の不具合であり、親が悪いわけでも子どもが悪いわけでもありません。わが子に合わせたきめ細やかな配慮や生活上の工夫を重ねながら成長を適切にサポートすることで、多くの場合、たとえ発達障害があったとしても、大きな困り感を抱くことなく暮らしていけるようになります。適職に就いて、自立した生活を営んでいる人もたくさんいます。

一方で、マルトリートメントに代表されるような「不適切な関わり」や「周囲の無理解」が、発達障害とは別の、さらなる障害を生み出してしまうことがあります。強いストレスや劣等感が不登校や学業不振を招き、うつ症状や引きこもり、自傷行為や家庭内暴力、犯罪といった反社会的行為などの**「二次障害」**を引き起こします。

本書では、「やり抜く力」を身につける方法を紹介していますが、その前提として、**親子の絆**と**適切な関わり方**が大切です。

「親子の絆」や「適切な関わり方」って、どうすれば？――そんな声が聞こえてきそうです。次節以降で、その基本をお伝えしていきます。

防ぎたい「二次障害」

「不適切な関わり」や「周囲の無理解」が二次障害を引き起こす

- ☑特性を無理に矯正しようとする
- ☑「できない」ことを咎める
- ☑人格を否定して叱る
- ☑発達障害を認めない
- ☑からかったり笑ったりする
- ☑努力を強いて無理をさせる

↓

心が深く傷つく

↓

二次障害

子どもの特性を理解して適切な支援で二次障害を防ぎましょう

- ☑「がんばっているとき」「できたとき」にほめる
- ☑得意なことをほめる
- ☑クラスや班の子に理解と協力を求める
- ☑教科書や教材を工夫してもらう

↓

理解され、受け入れてもらえると、自信を持つ

↓

能力が伸びて、成長していく

主な二次障害

不登校
軋轢やいじめなどによって学校に行けなくなる

学業不振
授業についていけない、ほかの子と同じように行動できないことから劣等感を抱く

うつ症状
劣等感が高じると悲観的になり、気力が失われる

家庭内暴力
ストレスや人間不信から、周囲に怒りなどの負の感情を爆発させる

対人恐怖
ほかの子にいじめられたり笑われたりすることで、人とのつき合いが怖くなる

心身症
ストレスや不安、悩みなどによって体調を崩し、頭痛や腹痛などを訴える

「かわいがる子育て」のポイント

◆「甘やかす」のではなく「かわいがる」

私のクリニックを訪れるママやパパに対して、子育てについてのお話をするときには、**「どうか存分に、お子さんをかわいがってあげて」**と伝えています。

すべての親御さんがお子さんを愛していらっしゃることは、もちろんわかっています。多くの親御さんが「かわいいと思っています。思ってはいるのですが、うまくいかないのです……」とおっしゃいます。

ここでは、私が考える「かわいがる子育て」を具体的に紹介しましょう。

「かわいがる子育て」の目的は、社会のさまざまなルールを理解し、周囲と協調しながら生きていくためのスキルを身につけることです。そのためには、「してはいけないこと」や「どうしてもかなわないこと」があることも教えなければなりません。かわいがることと甘やかすことは、まったくの別物です。

かわいがる子育て①

子どもの特性を把握する

「かわいがる子育て」で最初に大切なことは、**子どもの特性を把握する**ことです。わが子はどんなことが好きで、何が得意なのか。どういうことが嫌いで、何が苦手なのか。それらをよく観察して、しっかりと理解しましょう。

「特性を理解する」とは、つまり、わが子をしっかりと見るということです。「かわいがる子育て」は、すべてここから始まります。

かわいがる子育て②

無条件の愛を与える

お利口にしていたからいい子。ママやパパの言うことを聞いたから好き。みなさんは、そんな「条件つき」の愛情を子どもに示してはいないでしょうか？

愛に理由や条件はいりません。たとえ今日も失敗続きだったわが子でも、「大好きなわが子」です。**無償の愛を、たっぷりと与えてあげてください。**

かわいがる子育て③ 子どもを信じて待つ

子どもはもともと、自分で成長する力を持って生まれてきます。それを**信じて待つ**——それも大切なことです。

特に、発達障害の子どもたちの発達はゆっくりで、でこぼこ。親のイメージ通りではないことも多いでしょう。それでも、**「この子は大丈夫」**と信じて待つのです。

親にとって「待つこと」は楽しい時間ばかりではありません。周りの子を見てあせることもあるでしょう。がまんが続くと思えるかもしれません。そんなときは少し先を見て、「今はこれが必要な時期」と考え直して、肩の力を抜いてみましょう。

かわいがる子育て④ 生活リズムを整える

健全な心身の発達は、規則正しい生活で育まれます。

発達障害の子どもたちは、低覚醒や睡眠障害などの特性によって生活が不規則になりがちです。無理のないペースで規則正しい生活のリズムを、大人が整えてあげましょう。

中でも、食事の時間が決まっていることと、必要な睡眠時間を確保することは、とても大切です。1週間というスパンでの生活リズムを整えることも効果的です。そのためには、子どもだけではなく、親も規則正しい生活を送ることが必要です。

顔を洗う、お風呂に入る、歯を磨くといった毎日の活動も、できるだけ一定の時刻に行ないましょう。決まった時刻に決まったことを行なうことで、心と体のバイオリズムも安定してきます。

かわいがる子育て⑤ 子どもの話を聞く

発達障害の子どもたちは、言葉でのコミュニケーションが苦手であることも多いので、自分から積極的に話すことが少ないかもしれません。あるいは、反対に周りなどお構いなしに話し続けるということがあるかもしれません。

そんな子たちには、答えやすい質問をしましょう。

「今日は算数では何を勉強したの？」「休み時間は何をして遊んだのかな？」「給食はおいしかった？」「困ったことはなかった？」というように聞けば、答えやすくなりますね。

子どもの話がよくわからないということもあるでしょう。そんなときは、子どもが言った最後のセリフをオウム返しにしてあげると、話をつなげやすくなります。

また、子どもの話の結論に何となく察しがついたときでも、話を遮らずに、家事や作業の手を止めて、**子どもの話を最後まで聞いてあげましょう。**

発達障害の子は特に人に話を聞いてもらうことが少なくなりがちなので、自分の話をちゃんと聞いてくれる人がいるということが、とても励みになります。

注意したいのは、子どもの話に意見しないことです。「それはダメだよ」「そうじゃなくて……」ではなく、「そうなんだ！」「へぇ〜、ママ、知らなかったな」と、上手な聞き役になってあげましょう。

かわいがる子育て⑥

叱るのをやめる

今まで子どもに対して、高圧的な言葉で叱りつけたり、軽くでも叩いたりするような「叱り方」をしていたとすれば、それは今後いっさいやめましょう。

そのような方法で従わせたとしても、悪い影響こそあれ、よいことは何もないからです。生涯に残る心の傷となることもあります。その上で、「これまで叩いたり、ひどい言い方をしたりしてごめんね。ママがまちがっていたよ」と謝り、「これからはもっと仲良くしたいと思っている」ということを、言葉でしっかりと伝えましょう。未就学の子どもであっても、きちんと謝って伝えてあげてください。

子どもに伝えたいことがあるときは、「CCQ」です（40ページ）。Calm「[おだやかに]、Close［近づいて］、Quiet［静かな声で］です。

子どもの「困った行動」は、子どもが「困っている行動」――そう捉え直すと、大声で叱責したり、暴力を振るったりする必要は、まったくないことがおわかりいただけると思います。

かわいがる子育て⑦ ほめる・励ます・共感する

子どもの「好ましい行動」やがんばりは、**どんどんほめましょう。**

ほめるポイントは、成果・結果だけでなく、過程や発想など、さまざまなところにあります。特に、何かを成し遂げるためのモチベーションを保つには、成果・結果をほめるよりも、過程をほめたほうが効果的です。

「そうはいっても、ほめるところが見つけられない」という人は、子どもの良いところをほめるだけでも大丈夫です。「やさしいね」「とっても元気だね」「笑顔がいいね」……一見些細に思えるどんな小さなことでも、どんどんほめてください。

また、思うような成果を挙げられなかったときでも、「だから言ったじゃない」ではなく、がんばったこと自体をほめ、「またやってみようよ」と**励ましましょう。**

子どもが不安や悲しさ、つらさを抱えているようなときは、「それはつらいねえ」「怖かったね」と**共感**を伝えます。すぐには解決や解消ができなかったとしても、親が共感してあげるだけで、子どもの心は丈夫になっていきます。

子どもの心を育てる「ほめ言葉」

親のほめ言葉が子どもの育ちの肥料となります。

「好ましい行動」をしているとき

- ☑～ができて、よくがんばったね。
- ☑集中していて、えらいね。
- ☑すぐ始めるの、かっこいいね。
- ☑～をして、とてもよかったと思うよ。
- ☑(テストなどで) よくがんばったね。
- ☑(テストなどで) おしかったね。
- ☑～が元気にできたね。
- ☑～をがんばっているのがよくわかるよ。
- ☑この字、きれいに書けているね。
- ☑この問題、しっかり解けたね。
- ☑その調子。
- ☑よく粘ったね。

子どもがしてくれたことに対して

- ☑～してくれたから、うれしいよ。
- ☑～してくれて、ありがとう。
- ☑～してくれたんだ。やさしいね。
- ☑～してくれて、とてもよかった。
- ☑～してくれたから、みんなも喜ぶよ。
- ☑おいしいって言ってくれたから、またがんばるね。
- ☑きれいに畳んでくれて、ありがとう。
- ☑洗ってくれたお風呂、気持ちがいいね。
- ☑待っていてくれて、助かったよ。

具体的に・ポジティブに

- ☑～が上手だね。
- ☑その言い方、かっこいいね。
- ☑～でがまんできたのは、すごいね。
- ☑仲よく遊んでいるね。
- ☑楽しそうにしているね。
- ☑いいこと言うね。
- ☑思いっきりできたね。
- ☑～はいい考えだね。
- ☑～はいいアイデアだよ。
- ☑思いやりがあって、うれしいよ。
- ☑～して、すごいね。
- ☑～して、えらいね。
- ☑～をがんばったから、うれしかったよ。
- ☑こんなにいいところがあったんだね。

子どもの「良いところ」さがし

お子さんの「良いところ」は、どのようなものですか？
「できていて当たり前」だと思えるところも、立派な「良いところ」です。
一度、書き出してみてください。

例

とても元気／やさしい／モリモリ食べる／好きなことを一所懸命／友だちとよく遊ぶ／学校が好き／よく寝る／風邪をひかない／決めたことをがんばってやる／粘り強い／ルールを守れる／正義感が強い／お手伝いをする／話し好き／好奇心が旺盛／ノリがいい／笑顔がかわいい　など

将来の自立のために今しておきたいこと

◆子どものときの「幸せな時間」が何事にも代えがたい糧になります

私のクリニックを訪れる多くの親御さんから、「ウチの子、このままだと将来が不安で……」「自立できるのでしょうか？」といった声をよく聞きます。実際、日常の生活動作さえおぼつかないわが子を目の前にして、そうした気持ちを抱くのも無理はありません。

しかし、これまでにもお伝えしている通り、適切なサポートと幸せな時間が充分にあれば、**どの子も必ず少しずつ成長していきます。**

親子で共に過ごす「今」を、楽しく幸せな時間にしてほしい――そう私は考えます。

社会生活での困難に直面したとき、子どもたちの支えになるのは、ありのままの自分を精一杯愛してくれた家族の存在であり、楽しかった子どもの頃の体験と思い出です。

それが、子どもたちにとっての何よりも大きな心の糧になると思うのです。

◆育みたい「自己肯定感」

子どもにとって、自分という存在を無条件に肯定してくれる人がいることが、**自己肯定感**、つまり自分で自分を肯定する心の醸成につながります。

発達障害の子どもは「モニタリング」、つまり自分を客観視することに苦手が多く、周りからは「ダメだ」と言われることも多くなりがちなので、肯定どころか、自分で自分を否定してしまう傾向が強いものです。

ありのままの自分を受け入れてくれる存在があれば、「自分がここにいること」に自信と安心を得ることができ、自分で自分を受け入れることができます。自分で自分を受け入れるというのは、「できない自分」も受け入れるということです。

「できない自分、それでも大丈夫」という気持ちも受け入れて、自分で自分の行動や思いをコントロールしていくことが、**自立への第一歩**となります。

◆「レジリエンス」の高め方

近年、**「レジリエンス」**という言葉がよく聞かれるようになりました。

レジリエンスとは、回復する力、元に戻る力、弾力性という意味を持つ言葉で、社会生活におけるさまざまなストレスに柔軟に対応する力のことを言います。

発達障害の子どもは、目先を変える、見方を変えるといった「シフティング」の実行機能が苦手なことも多いので、一般的には、このレジリエンスも低くなりがちです。しかし、発達障害の子どもたちこそ、このレジリエンスを高めてほしいのです。

レジリエンスを高めるために必要なのは、温かい家庭環境や信頼できる人の存在、そして適切な自己肯定感です。

それらを育むのにもっとも重要な期間は、子ども時代です。親子が毎日一緒に暮らし、親が子を無条件にかわいがる期間は、子どもの人生を木に譬えるなら幹を育てる大切な時間であり、その幹があればこそ、**「その子らしさ」**という枝葉を大きく伸ばしていくことができるのです。

親自身のことも大切に――ママへ。そしてパパへ

◆カウンセラーを活用しましょう

発達障害の子どもが「やり抜く力」を身につけられるようにするには、子どもの特性を理解し、愛情をもって粘り強く寄り添うことが大切ですが、毎日子どもの課題に向き合い続けるのは、簡単ではありません。ママが疲れてしまったり悲観的になったり、どうしたらいいのかわからないと感じたりすることもあるでしょう。

そんなときには、障害の特性をよく理解している臨床心理士などによるカウンセリングが有効です。診察より時間を確保して行なわれるので、日々の困りごとに対して、丁寧にじっくりと話を聞いてもらえます。数カ月から数年通うことになるかもしれませんが、気持ちがわかってもらえると元気も出るし、見方を変えた具体的なアドバイスで状況が変化していきます。家庭でなかなか得られないパパからのサポートの代わりを、カウンセラーが行なうこともよくあります。

◆こんなパパたち

発達障害の子どもを持つご家庭では、ママが子どもの状態を心配して医療機関などに相談をしているのに、パパは発達障害への理解がなくて、協力してもらえなかったりすることも珍しくありません。

「オレだって小さいときはこの子そっくりだったけど、何の問題もなく大人になった」と、ママの心配を全否定してしまう場合もあります。

パパの場合には、わが子とよく似た特性があっても、さまざまな好条件に恵まれて、大きな困りごともなく大人になれたのかもしれません。

時代も子どもを取り巻く環境も変化し、お子さんが必ずパパと同じようになれるわけではありません。

本書でお伝えしている子どもへのサポートは、子どもの成長にマイナスになるものではなく、必ず役に立つものです。

ママがゲームの時間の調整しようと苦労して取り組んでいるのに、パパが、「おまえのゲーム、楽しいから、パパと今夜はとことんやろう」と、ママの日々の努力を台なしにしてしまうようなこともあります。

あるいは、パパが子どもに高い目標を設定して勉強をがんばらせたり、厳しくしつけをしたりしているので、怖いパパの前では言うことを聞いても、やさしいママの言うことはまるで聞かない、というのもよくあるケースです。

◆まずはママの話を聞いてあげて

発達障害について、パパとしては「どうなのかな？」と疑問に思っていても、まずはママの話を聞いてあげてください。

ママが学んできたペアレント・トレーニングのやり方を、一緒にやってみてください。

パパとママが同じ作戦に従って連携して子育てに取り組むことが、子どもの成長にとってはとても有効です。ママも「ワンオペ」ではなく、パパという理解者がいて「同志」として子どもに向かっていることを、とても心強く感じることでしょう。

◆「パパ・ママ連合」を結成しましょう

ママが日々努力していることに気づいて、ねぎらってあげましょう。

「ママは、こんなにいろんな工夫をして、がんばってくれているんだね」というひと言で、ママたちはどんなに心が癒されるでしょう。夫が理解してくれていることで、力をもらえるでしょう。

なかなかうまくいかないときも、**「パパ・ママ連合」**をつくって、お互いに励まし合って、子育てにトライしましょう。

パパとママが一緒になって子どものためにがんばっていこうとすると、家庭の中の空気が変わります。パパとママが笑っていれば、元気、やさしさ、おだやかさ、安心感が、ご家庭の中に満ちていくでしょう。

パパとママ、大人にとっても、愛着形成は非常に大事です。親のがんばる力、やり抜く力にも影響します。

お互いを信じ、助け合い、慈《いつく》しみ合う。時には許し合って、愛情を示し合う。そんなパパとママでいることは、子どもにとって、何にも代えがたい財産です。

子どもたちは二人のそんな姿を見て、安心して育っていきます。**「自分たちもあんな大人になりたいな」**と感じながら。

おわりに

本書をお読みいただき、ありがとうございます。お子さんの困り感や難しさの解決に、少しでもお役に立てることを願うばかりです。

どうぞあせらずのんびりと、そして冷静に、それでいて温かく、子どもを見守ってあげてください。

ここで改めて、私が近年気になっていることを一つ、お話しさせてください。

それは、親御さんの「スマートフォン（スマホ）との関わり方」です。

発達障害のお子さんをお持ちの親御さんの中には、わが子の日々の言動を目にするにつけ、「○○ 発達障害」などと検索して、情報を得ようとされている方が多いようです。また、リアルな世界のお友だちよりも、ネットの中の書き込みなどのつながりのほうを重視されている方も、多く見られます。

忙しい毎日の中で、同じ悩みを抱く者同士のつながりは心強いものですが、それだけに依存しすぎる傾向があることに、私は危機感を抱いています。

子育てに「正解」はありません。

当然、スマホの画面の中にも正解はありません。本当はどこにもない正解を探してスマホをスクロールし続けている時間を、どうか、かけがえのない子どもたちの「今」に向けていただきたいのです。

目の前の子どもたちの言動の一つひとつが、私たちにヒントを与えてくれています。

子どもたちはいつだって、「こっちを見て！」とママやパパに訴えています。

「できなかったこと」を数え上げてため息をついたり不安になったりするのではなく、今日お子さんが「できたこと」を、ママもパパも一緒になって喜んであげてください。

それが子どもたちにとっては、何よりの「やり抜くスイッチ」となるはずです。

司馬理英子

〈参考文献〉

Turnaround for Children, Building Blocks for Learning, A Framework for Comprehensive Student Development
https://turnaroundusa.org/what-we-do/tools/building-blocks/
「翻訳版ＢＲＩＥＦによる自閉症スペクトラム児の実行機能の測定の試み―子どもの実行機能の測定ツールの開発に向けて―」玉木宗久・梅津亜希子（国立特別支援教育総合研究所研究紀要 第39巻 ２０１２）
「就学前期における実行機能の発達」森口佑介（Japan Psychological Review 2008, Vol.51, No.3, 447–459）
「自閉スペクトラムと自閉スペクトラム症―「グレーゾーン」再考―」吉田友子（児童青年精神医学とその近接領域 ２０１７年58巻４号 p. 537–543）
『子どもの脳を傷つける親たち』友田明美（ＮＨＫ出版）
『読んで学べるＡＤＨＤのペアレントトレーニング――むずかしい子にやさしい子育て』著：シンシア・ウィッタム 訳：上林靖子・中田洋二郎・藤井和子・井澗知美・北道子（明石書店）
『新版 ＡＤＨＤ のび太・ジャイアン症候群』司馬理英子（主婦の友社）
『スマホをおいて、ぼくをハグして！』司馬理英子（主婦の友社）
『最新版 アスペルガー・ＡＤＨＤ 発達障害 シーン別解決ブック』司馬理英子（主婦の友社）
『ＡＤＨＤの人の「やる気」マネジメント』司馬理英子（講談社）

【著者紹介】

司馬理英子（しば・りえこ）

司馬クリニック院長。医学博士。

1978年、岡山大学医学部卒。1983年、同大学大学院博士課程修了後に渡米。アメリカで4人の子どもを育てながら、特にADHDについて研鑽を積む。1997年、『のび太・ジャイアン症候群』（主婦の友社）を上梓。日本で初めて本格的にADHDを紹介した同書は、なじみ深いキャラクターになぞらえたわかりやすい解説によりベストセラーに。同年帰国し、司馬クリニックを開院。子どもと成人女性を専門に治療を行なう。

著書に『新版 ADHD のび太・ジャイアン症候群』『スマホをおいて、ぼくをハグして！』（以上、主婦の友社）、『ADHDの人の「やる気」マネジメント』（講談社）などがある。

ADHD・自閉スペクトラム症
発達障害・グレーゾーンの子の
「やり抜く力」がちゃんと身につく伝え方

2023年1月10日　第1版第1刷発行
2024年6月3日　第1版第3刷発行

著　者　司馬理英子
発行者　村上雅基
発行所　株式会社PHP研究所
京都本部　〒601-8411　京都市南区西九条北ノ内町 11
〔内容のお問い合わせは〕暮らしデザイン出版部 ☎ 075-681-8732
〔購入のお問い合わせは〕普及グループ ☎ 075-681-8818
印刷所　図書印刷株式会社

ISBN978-4-569-85385-7